吉村洋文の言葉101

吉村洋文の言葉101

日本を牽引する
若きリーダーの
覚悟と勇気

はじめに

本書では、タイトルにあるように、吉村洋文《よしむらひろふみ》大阪府知事・前大阪市長の発した言葉を起点として、人柄にとどまらず、大阪府と大阪市の政治背景や大阪の歴史と未来、そして、吉村氏の所属する、政党・日本維新の会、地域政党・大阪維新の会でいったいどんな動きが水面下であったのか……など、様々な出来事を書いた。

全国的に見ると、〝大阪都構想〟という言葉をニュース報道で知ってはいても、いったい何が問題で、なぜ2回も住民投票が行われたのかを正確に知る人は少ない。永田町の政治記者に「なぜ2回も住民投票をやるのか、まったく理由が分からない」と言われたこともある。僕は少しでも皆さんに〝不思議な街〟大阪を理解いただき、吉村氏らの動きと合わせて大阪政界の対立と都構想への大阪市民の判断と政治の蠢《うごめ》きも知ってもらいたい。同時に2025年の大阪・関西万博までの道程も解説しようと思う。

新型コロナウイルスを巡る独自の対応と連日の記者会見、テレビ出演で吉村氏は、一躍全国から脚光を浴びた。盟友の松井一郎大阪市長との固い絆や橋下徹元大阪府知事との関係などを振り返り、本書を書き進めていくうちに、吉村氏については、知られているようで知られていないこともまだまだ沢山あることが分かった。

それらを僕自身の取材経験と視点から、吉村氏への辛口要望も加えて描いたのが、これからお読み頂くこの本だ。

その時の、吉村氏の発言の真意は何だったのか。その会見の頃、大阪で何があったのか。吉村知事はコロナ危機に際し、いったいどんな対応をしたのか。実際に発された具体的な吉村氏の〝言葉〟の数々を細かく見ていくと、吉村という人物が、立体的に見えてくる。

街頭インタビューで「吉村さんってどんな人?」と聞くと、三者三様の答えが返ってくる。「話がとにかく分かりやすい」「コロナの対応でテレビで顔をよく見た」「イケメンで恰好いい」「若手の政治家としては活躍している」という支持派や、「極端な論に走りやすい印象」「話は分かりやすいが、薄っぺらく感じる」「維新そのものが自民党のコピーじゃないか。吉村はつまらん」という不支持の人もいる。東京と大阪で反応も異なるが、この感想を見ていて、小泉純一郎元首相を思い出した。

「悪名は、無名に勝る」が小泉氏の口癖だった。国民的人気を背景に自民党の派閥力学を打ち破り、総理大臣の椅子を手にした。東京大学先端科学技術研究センター准教授を務めた政治学者の菅原琢《たく》氏は小泉氏の政治手腕とスタイルを著書『世論の曲解なぜ自民党は大敗したのか』(光文社新書)の中で明快に分析している。「小泉政権の方針、政策は、とくに自民党が苦手としていた都市部住民、若年層と中年層からも支持を集めた。……(途中略)小泉効果というと、特異な人物によって引き起こされた特殊な現象という感覚を持つ人も多いだろう。だがその実際は、都市部寄り、若手・中年層向けに政策路線をシフトするという的確な対処法そのものである」とある。

僕はこの分析が、維新や吉村氏の政治手腕にもぴったり当てはまると感じる。都市部の支持獲得。大阪維新の会という地域政党はまさに都市政党。そして大阪を変えるための行政改革の法律制定と霞が関改革を目指し、日本維新の会という政党が生まれたことも忘れてはならない。日本維新の会の政党キャッチフレーズ「身を切る改革」の真意もそこにある。

もう一つ重要な言葉に「確証バイアス」という言葉がある。どんなに豊富な情報や正しい処方箋を導くデータがあったとしても、人は得てして自らの経験や考えに基づき、都合のいい結論を選びとってしまう習性がある。また似た言葉に「正常性バイアス」がある。人は、集団と異なる行動をとりにくく、災害や危機に瀕しても「自分は大丈夫だ」と危機を認識できず逃げ遅れたりすることを指す。

まさに新型コロナウイルスの感染拡大で日本は、この二つの〝バイアス〟問題が露呈

はじめに

し混乱を極めた。そんな中で、府民に記者会見やテレビ番組で語りかけ続けた吉村氏の姿勢は、間違った先入観を払拭し、情報不足からくる不安解消に大きく貢献した。我々マスコミも連日コロナ報道を行ったが、全てが正しかったわけではない。記者やスタッフの医療取材の経験不足、ウイルスへの知見が少なく、不十分な情報を流したケースも散見された。自戒を込めて反省したい。信頼に足るはずのテレビ・新聞のニュースそのものが混乱してしまった。

ニュース番組と連日のワイドショー番組でのコロナ情報の取り扱いも玉石混交状態。正しい情報を見極めるのも難しかった。記者やディレクターも実は、取材制限を余儀なくされた。普段なら会社で真剣にディスカッションを重ね、報道の方向性を議論する。しかし、感染拡大や緊急事態制限で出社も制限され、リモートで会議や放送を全て行った。取材もリモートが多用され取材者に直接会う機会は極端に少なくなった。それでも歯を食いしばって放送を継続し、良質なニュースを伝え続けた記者たちがいたことも僕は知っている。

しかし、それでも世界の危機と国難を乗り切るために、既存メディアはもっと知恵を絞って欲しかった。「あの時テレビと新聞の報道は正しかったのか。どうだったのか？」今こそ立ち止まって、検証することは大切なことだと思う。

そんな中において、テレビ取材をできるだけ断らず、リクエストがあれば番組のカテゴリーに関係なく、吉村知事と松井市長は番組に出演し大阪のコロナ対応を発信し続けた。かつて、これだけ連日テレビで情報発信を行った首長がいただろうか。僕は記憶にない。阪神・淡路大震災でも、東日本大震災でも、そんな首長はいなかった。

僕は、1986年（昭和61年）、就職を契機に東京から大阪に移り住んだ。その後、東京勤務はあったが、大阪をベースに、2022年3月31日まで読売テレビに勤務した。現在は、フリープロデューサーとして東京と大阪に居を構え、半々の生活をしている。

東京にいると大阪ほどは、維新のニュースも吉村・松井両氏のニュースも流れない。しかし、吉村知事の顔も松井市長の名前もしっかり認知されている。2023年2月、熊本維新の立ち上げに熊本市内で演説をした吉村氏の周りには、あっという間に人だかりができた。続く横浜市内での演説でも同様だった。動員ではない。道ゆく人が「何を話すのだろう」と興味津々で見ている。演説が始まると人の垣根がどんどん膨らんでいく。女性が多いのも特徴だ。最後は大きな拍手に包まれる。吉村演説の特徴はセンテンスが短く言葉が分かりやすい。実体験を踏まえたたとえ話も多い。テレビのコメンテーターとして活躍する橋下徹元大阪府知事の現役時代に近づいてきた……いや、橋下氏とは違った魅力を身につけてきた。

はじめに

政治家のマスコミ露出が多いと、一部のメディアはすぐに「ポピュリズム政治だ」と批判する。ポピュリズムとは大衆迎合主義、大衆中心の政治を指す。『ポピュリズムとは何か　民主主義の敵か、改革の希望か』（中公新書）で千葉大学大学院教授の水島治郎氏は「ポピュリズムとは、民主主義に内在する『内なる敵』である」と説明する。政治から排除されてきた人々の政治参加を促し、特権階級に対抗する大衆の力が権力を動かすという側面を指摘する。決してこれ自体は悪いことではない。

しかし政府が大衆に迎合するあまり長期的な視野を欠落させ、正しい福祉実現や財政規律を守らないとどうなるか。統治は乱れ、権力乱用につながりかねない。そういう点で、吉村氏の人気や改革姿勢、維新の躍進をポピュリズムと揶揄《やゆ》するのは、的外れだと思う。

本書は吉村氏の言葉から紐解いた民主主義の姿、日本の政治システム、地方行政、マスコミの問題点までをも網羅している。吉村氏のリアルな生の声の数々が、本書を書き進める僕に力を与えてくれたのは間違いない。是非、あなたが気になった言葉から読んでみて欲しい。大阪の今の姿は、日本の様々な病巣を映し出す。吉村氏の「いい言葉」も「悪い言葉」も、その根底にあるのは日本の逃げられない問題なのだ。本書を読み、ガラスの天井を打ち破るためのエネルギーにしていただければ大変嬉しい。

吉村洋文 年表

history

1975年6月 サラリーマンの家庭に生まれる（大阪府河内長野市出身）

1989年3月 河内長野市立千代田小学校卒業

1991年3月 河内長野市立千代田中学校卒業

1994年3月 大阪府立生野高等学校卒業

1998年3月 九州大学法学部卒業（23歳）

1998年10月 司法試験合格

1999年4月　最高裁判所司法研修所入所（24歳）

2000年10月　最高裁判所司法研修所修了弁護士登録（25歳）

2005年1月　熊谷信太郎法律事務所から独立し、
共同経営よる法律事務所を開設（30歳）

2011年4月　大阪維新の会から大阪市会議員として出馬、当選（35歳）

2013年5月　大阪維新の会　大阪市会議員団　政調会長就任（37歳）

2013年4月　経営革新等支援機関の認定を受ける

2013年5月　税理士登録

2014年12月　維新の党から衆議院議員として大阪4区から出馬し落選、
比例近畿ブロックで復活（39歳）

2015年10月　議員辞職願を衆議院に提出し、
同年11月大阪市長選に出馬・当選（40歳）

2015年10月　大阪維新の会　政調会長就任

2017年6月　2025日本万国博覧会誘致委員会副会長就任

2019年4月　大阪府知事に出馬・当選（43歳）

2019年8月　大阪維新の会　副代表　日本維新の会　副代表就任

2020年11月　大阪維新の会　代表就任（44歳）

参考文献

スター綜合法律事務所　吉村洋文プロフィール
https://www.star-law.jp/lawyers/yoshimura.html
吉村洋文オフィシャルサイト プロフィール
http://yoshimura-hirofumi.com/about_yoshimura

001

「親の経済格差が
子供の教育格差に
つながることが
あってはならない」

（毎日新聞　２０１５年12年26日）

吉村洋文氏は1975年（昭和50年）サラリーマンの家庭に生まれる。大阪府河内長《かわち》野市立千代田小学校を卒業し、その後、市立中学を経て大阪府立生野《いくの》高等学校を卒業。

この生野高校は、大阪府有数の進学校の一つとして、自由な校風でも知られる。卒業生には、朝日新聞に26年以上連載が続いた漫画『フジ三太郎』の作者、漫画家のサトウサンペイさん、そして、元サッカー日本代表でディフェンダーとして活躍した宮本恒靖《つねやす》さんなど多彩な人物が巣立っている。そう言えば僕が勤務していた読売テレビにも卒業生が多かった。吉村氏が自由闊達《かったつ》な青春時代を送った記憶もこの言葉に反映されている気がする。

2015年のクリスマス翌日。11月22日に大阪市長に当選したばかりの吉村氏が緊張した顔で行った、最初の市議会本会議の施政《しせい》方針演説での発言だ。

まだ幼稚園・保育園の無償化が珍しく大都市では異例だった頃のこと。全ての子供が教育と医療を等しく受けられるよう、無償化都市を目指すと語り、大阪の子育て世代の喝采を浴び、同時に橋下徹《はしもととおる》市長の後継者としての存在感、そして松井一郎府知事（当時）との連携を強くアピールしたのだった。

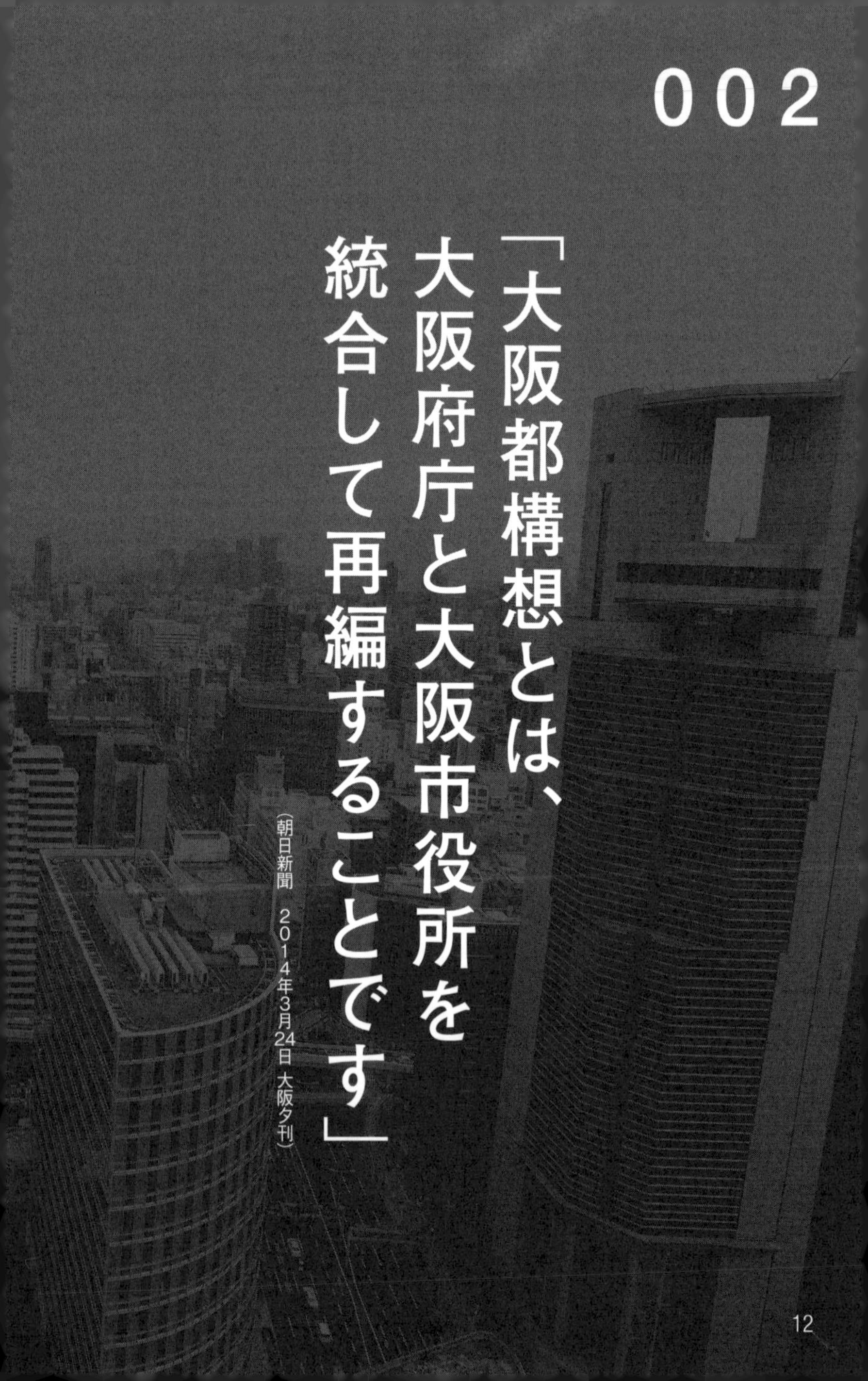

002

「大阪都構想とは、
大阪府庁と大阪市役所を
統合して再編することです」

（朝日新聞　２０１４年３月24日 大阪夕刊）

吉村洋文氏を語る時、橋下徹元大阪府知事、松井一郎大阪市長、大阪維新の会そして「大阪都構想」を外すことはできない。大阪で視聴率男の異名を持ち、出演番組が全て高視聴率を誇った歌手のやしきたかじん氏（2014年死去）の顧問弁護士として活動していた吉村氏は、たかじん氏らのバックアップもあり橋下氏と歩調を合わせていく。

2011年4月、大阪府議選と大阪・堺市議選が行われた。橋下旋風が吹き荒れ、大阪維新の会が府議会過半数を獲得、第一党に躍進した。この選挙で、大阪市議選・北区選挙区で立候補し初当選したのが35歳の吉村氏である。

当時、橋下府知事は、元毎日放送のアナウンサーから大阪市長になった平松邦夫《くにお》氏と激突状態にあった。大阪ではこの府と市の保守vs革新の対立が過去からずっと続き、府と市の腐敗や権力闘争を生んできた。大阪が沈滞した最大の原因だ。

考えの合わない府・市は、〝ふしあわせ〟と揶揄《やゆ》され、その二重行政状態が橋下改革のブレーキとなっていた。吉村氏は当選直後に「今の大阪市役所は巨大。大規模事業などに1兆6000億も使った。お金の回し方を間違っている。二重行政解消のため都構想は進めるべき」と語っている。彼の都構想への執着はこの時に始まった。

003

「自公の大きな嵐が迫る選挙だった」

（朝日新聞　２０１４年２月15日　大阪朝刊）

吉村洋文氏の選挙敗北の時の言葉である。

２０１４年12月に行われた衆院選挙。大阪４区は、繁華街の梅田やJR大阪駅周辺、そして大阪市役所がある象徴的な区。有権者は約43万6千人で転勤者も多い。自民から立候補したのは、外務副大臣も務めた中山泰秀《やすひで》氏、当時44歳。安倍晋三首相（当時）も街頭演説に来た。対抗馬は橋下市長の懐刀《ふところがたな》として頭角を現してきた頃の吉村氏。しかし、公認で揉め選挙公示のなんと1週間前に担ぎ出された。「国政から都構想を推し進めたい」と訴えたが認知度は低かった。橋下氏が応援演説に来ると橋下氏の言動に注目が集まったが、肝心の吉村候補に対しては「誰やねん？」というのが正直な反応だった。

僕は当時、選挙の取材をしていた。当時の取材メモには「吉村応援の橋下＝都構想をにらみ苦しい選挙」と橋下氏の言葉を記してあるが、吉村さんの表情や言葉は何も残していなかった。投開票日、大阪市内のホテルで、「完敗です」と述べた橋下氏と松井幹事長（当時）の表情は暗かった。維新の党は大阪で14選挙区中５人が当選。吉村氏は中山氏に議席を奪われた。しかし、その後吉村氏は比例復活で辛くも当選。吉村氏は涙を浮かべながら会見で声を絞り出した。しかし、翌日の新聞は橋下・松井両氏の都構想への黄色信号の見出しばかりだったのを思い出す。

004

「橋下代表から『吉村さんしかいないから やって欲しい』と打診があった。『やらせてください』と話した」

（産経新聞　２０１５年９月26日　大阪夕刊）

吉村洋文氏にとって2015年は激動の年だった。5月には、大阪維新の会の看板政策だった都構想を巡って住民投票が行われ、反対多数で否決された。橋下市長は、この結果を受けて任期満了での政界引退を表明した。あの会見場に僕もいた。橋下氏の無念さと心残り。しかし、それをおくびにも出さず「引退します」とサバサバと語った橋下氏を僕は忘れられない。なんとも潔《いさぎよ》いものだった。

そして次にマスコミが注目したのは、「では後継は誰か」だった。後継は橋下市長に一任されたのち松井一郎大阪府知事との協議が進行していた。

この頃僕は、辛坊治郎《しんぼうじろう》ニュースキャスター（元読売テレビ報道局解説委員長）から「吉村さんもその気のようだ」と立候補の意向を聞かされていた。吉村氏は橋下さんと同じ弁護士出身でともにラガーマン、気脈も通じる。また都構想の制度設計を組んだ中心人物。〝都構想再び〟の思いも人一倍強かった。

まず市長選に手を挙げたのは自民党大阪市議団幹事長。都構想反対で知名度を一気に上げた柳本顕《やなぎもとあきら》氏が立候補を表明した。そして大阪府知事選には松井一郎氏が再び立候補。吉村氏も橋下氏の出馬要請を二つ返事で受諾して市長選立候補が決まったのだった。「大阪市長選は大阪の進むべき道を選択する選挙だ」と吉村氏は選挙への意気込みを語った。

005

「橋下徹市長を乗り越える気持ちでやる」

（産経新聞　2015年10月31日 大阪朝刊）

2015年11月8日、大阪では大阪維新の存亡をかけた選挙戦が火蓋を切った。22日投開票の大阪府知事・大阪市長のダブル選挙。「大阪を潰してしまえというのは不毛な議論」と訴えた自民党は知事選に前府議の栗原貴子《たかこ》氏を擁立、市長候補には前大阪市議の柳本顕氏が立候補。吉村洋文氏は衆院議員を辞して市長に立候補した。合わせて松井氏が府知事選に立つ。緑色のお揃いのジャンパー姿で演説をする吉村氏、松井氏、そして橋下氏。都構想に負けたとは思えない観衆の多さだった。

「吉村氏は引退を表明した大阪維新代表、橋下徹大阪市長の後継だが、知名度や発信力の不足は否めない」（産経新聞2015年10月31日大阪朝刊）と当時の新聞は伝えている。つまり吉村氏の知名度はこの頃はまだ低く、やっとマスコミの記者たちですら「吉村さんは若いな。市長候補で橋下さんの後継ということは覚えた。でも線が細いなー」との認識だった。のちに吉村氏の印象として定着する、「歯切れ良く、分かりやすく記者会見が得意」というものとはほど遠かった。

選挙の結果は、松井氏（当時51歳）、吉村氏（当時40歳）がともに当選。背景には、自民党と共産党の選挙協力へのアレルギーもあった。ともあれ、悲願の大阪都構想へ向かって、再び時計の針が動くこととなったのだった。しかし、引退する橋下氏からのバトンは重く、情報発信力の低下を危惧する声は、維新の関係者の中にも多かった。

006

「大株主である大阪市の意見を聴いて欲しい。なぜ意見を聴く機会を持とうとしないのか」

（朝日新聞　２０１５年11月11日 大阪朝刊）

吉村洋文氏は正義感が強い。高校時代、すでに弁護士を志したそうだ。その根底にあるのは〝法の下の平等〟。公民の授業で習った、裕福な人もそうでない人も、権力者も非権力者も法の下では同じという事に心が動いた。法律という仕組みに惹かれていった。九州大学法学部を卒業し23歳の時に司法試験に合格した。

橋下氏と同じく改革路線を進めた吉村氏の座右の銘は「意志あるところに道は開ける」。一度こうと思ったら突き進む強い信念の持ち主といえる。

「大株主である大阪市の意見を聴いて欲しい。なぜ意見を聴く機会を持とうとしないのか」という言葉は、怒りとともに発せられた。

２０１６年6月28日、関西電力の株主総会が神戸市で開催された。当時関電は、原発が全て停止。電力の低コスト化が課題となり経営環境が悪化。2年ぶりに大株主の大阪市長が出席し、京都市長とともに経営陣を追及したその時の言葉である。4分の質問時間が終わったと告げられた吉村市長は「このまま原発に頼れば状況は酷くなる。ちゃんと質問に答えて」と経営陣に迫った。そこには弁護士として培った平等の考え方と「おかしいことはおかしいと言う」という彼の批判精神がベースにあると僕は感じる。

007

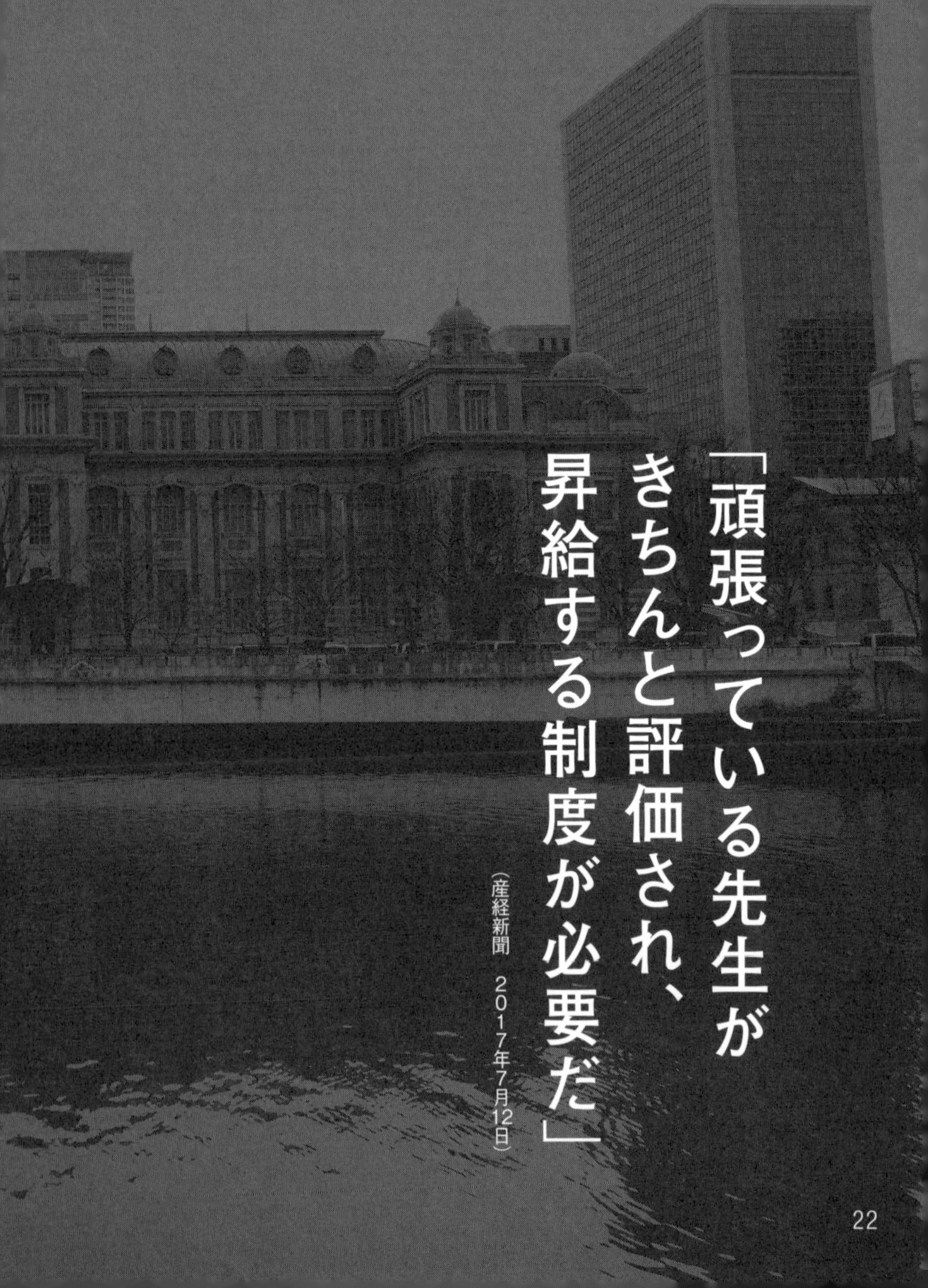

「頑張っている先生がきちんと評価され、昇給する制度が必要だ」

（産経新聞　2017年7月12日）

吉村洋文氏は教育改革に精力的に取り組んできた。そこには、橋下氏の府知事時代の苦い経験が影響しているのかもしれない。

橋下府知事は2008年2月、知事就任の1週間後、初めて公立学校を視察した。橋下氏は選挙でも積極的に教育改革を口にした。そこには彼自身が7人の子供を育てる親としての厳しい目線と問題意識が影響していたと思う。「大阪の教育はなっていない。教育現場の改革は絶対必要」と橋下氏がテレビ出演で局に来た時、楽屋打ち合わせで何度も聞いた。そこには、自身の子育てに裏打ちされた経験があった。「府立高校の学区撤廃」「小1、2年の35人学級見直し」。当時学校関係者は戦々恐々だった。

学区撤廃については府教委と激突。その後、学校関係者と意見交換を繰り返し、「机上の空論だったかもしれない」と再検討。対立はそれで終わらず、第2ラウンドは2008年10月、大阪府が都道府県で初めて行った全国学力テストの市町村別学力の発表である。地域ごとの学力差が明らかになり波紋を呼んだ。僕は橋下改革に拍手した。しかし、その後も橋下改革は幾多の壁にぶつかる。橋下氏の右腕と呼ばれた吉村氏は、「いつか橋下氏の夢を実現させる」という気持ちを忘れていない。それは松井一郎大阪市長にも強く感じる。維新の支柱は橋下氏の改革にあることは間違いない。

008

「教員はぬるま湯に
漬かっている。
結果に対し責任を負う
制度に変える」

（産経新聞　２０１８年８月11日 大阪朝刊）

大阪市の小学生は全国学力テストで全国最下位という不名誉な記録を続けてきた。2017年は大阪市の平均正答率は小6、中3全てにおいて大阪府と全国平均をいずれも下回ってしまった。教育の世界は短期間で成果は出せない。しかし、ずっとワーストというのはいかがなものか。実は2022年5月の全国学力テストの結果でも大阪府の小中学校は下位に低迷し、大阪市は相変わらずの最低水準となっている。一部で改善もあるが、小学校は政令都市中、北九州市と並んで全国最低。中学校は北九州市の次でブービーランク。大阪市は学力向上を至上命題として対策を立ててきたが成果は出ない。

2018年8月、全国学力テストの結果を教員の給与や学校の予算に反映させると宣言した。これには、教育委員会を中心に大きな反発が広がった。吉村氏は「ずっとベッタ（最下位）なのに、危機意識が伝わってこないのはおかしい」と批判し、教育委員会と学校への苛立ちを露わにした。そしてぶち上げたアイデアがテストの正答率を校長や教員の評価、ボーナス、予算に反映させるという制度案。しかしこの大胆な案は実現していない。吉村氏も刺激策としてぶち上げたのかもしれないが、相当大きなお灸になったことは間違いない。

009

「約束したことは実行する。結果責任を負う」

（毎日新聞　2019年8月1日大阪朝刊）

吉村洋文氏が大阪市長から大阪府知事になっていた2019年の8月、全国学力テストで大阪市の平均正答率はほとんどの科目で最下位を脱出した。しかし、残念ながら小学校の国語だけが政令都市の中で名古屋市と並び最下位だった。

これを受け吉村知事は「大阪市長の時にテスト結果を教員評価に反映する制度の検討を指示した。自分も責任を示すべきだと思い、もし最下位ならボーナスの返上を約束した」と記者に説明。様々な努力の成果があったとしながらもボーナス約70万円を被災地に寄付する意向を示した。

それに先立つ2018年8月の会見で「市の最終責任者は僕や。教員の賞与の反映を言っているので僕も夏のボーナスは返上します」と約束していた。それを曲げずに行動した吉村氏。吉村氏と交代する形で大阪市長の椅子に就いた松井一郎氏は「吉村さんがあまりむきになると子供たちのプレッシャーになるかもしれない」と吉村氏のヒートアップを冷ますように冷静に語った。吉村氏と松井氏。この二人の絶妙なコンビが実は吉村氏の強みであると僕は感じている。時には意地を張る吉村氏。未熟、若さと否定的な声もあるが僕は潔さを感じた言葉だった。

010

「うそみたいな本当の話をさせていただきたい」

（毎日新聞　2020年8月4日）

新型コロナウイルスが全国で猛威を振るっていた2020年8月4日。『情報ライブミヤネ屋』（読売テレビ）の生放送時間中に会見が始まった。吉村知事と松井市長が二人並び、机の上には何やらたくさんの容器が並んでいる。吉村知事が神妙な顔で語る。「うそみたいな本当の話をさせていただきたい。ポビドンヨードを使ったうがい薬、目の前にありますが、このうがい薬を使ってうがいをすることでコロナの陽性者が減っていくのです」。いったい何を言い出すのかと正直仰天した。コロナに効くという研究が出たとして大阪はびきの医療センターの事例を紹介し府民にうがいを呼びかけた。

しかし、これはある意味で間違った情報を提供する可能性のある会見だと思った。ポビドンヨード製剤はヨウ素で作られている。甲状腺に異常のある人が大量に摂取すれば甲状腺の機能低下を引き起こす。バセドウ病などの患者も注意が必要だ。その点にも会見では触れていたが、テレビ中継では細部まで伝わらず「イソジンでうがいを」だけが一人歩きするおそれがあると心配になった。スペースシャトルが宇宙から帰還するとヨード液で消毒をする。最強の消毒薬。コロナ対策のうがい推奨は間違いではないが、吉村氏と松井氏は発信力があるだけに、会見での言葉が一人歩きする危険と、錯誤を生じさせることへの懸念を感じた。そのあたりを中継からスタジオに戻り司会の宮根誠司氏やコメンテーターらが丁寧にフォローし、注意喚起をしていたのは流石だった。

011

「僕は再挑戦しない」

（MBS NEWS 2020年11月2日）

橋下徹大阪市長（当時）は、２０１５年5月17日の大阪都構想の住民投票に敗れ、この時、大阪維新の会代表の立場で会見。横には松井一郎幹事長がいた。「僕が提案した大阪都構想は市民の皆さんに受け入れられなかった。やっぱり間違っていたということになるでしょう」と語り、自身の任期切れでの政界引退を発表した。この時「住民投票は、日本の民主主義を相当レベルアップし大阪市民が全国で一番政治や行政に精通している市民ではないか」とも語った。僕も取材で会見場にいたが悔しさを押し殺し、笑顔を浮かべ、記者の質問に誠実に答える橋下氏が思い出される。

２０２０年11月1日、大阪市を廃止し四つの特別区に再編する、再度の大阪都構想の住民投票が行われた。大阪市の有権者２２０万人。反対69万２９９６票、賛成67万５８２９票。コロナ感染拡大下の住民投票でも都構想は実らなかった。これにより大阪維新の会と日本維新の会の代表・松井一郎大阪市長も任期切れでの政界引退を発表した。

この結果を受け吉村洋文氏は「都構想は大阪の大都市機構として、今も相応しいと思っているが、僕は再挑戦しません」と悔しそうに語った。何度も唇を噛みしめ「都構想は大阪にいる。相応しいと思っている、しかし再挑戦を僕はしない」「僕はしない」と言葉を重ねた。ということは、誰かが再挑戦するのだろうか？　都構想否決には実は東京や他都市の人たちが気づかない原因がある。このことは、あとで詳しく触れたい。

012

「理解のない野党第一党党首にいちゃもんをつけられたら、うっとうしい」

（産経新聞　2021年6月4日　大阪朝刊）

吉村洋文氏は記者会見で時として、攻撃的に口を尖《とが》らせる。橋下徹氏も、そして松井一郎氏もそういう傾向がある。となると、維新の会の議員の得意技なのかしらという気もしてくる。

多くの政治家を間近で取材してきた僕から言わせれば、時には相手を攻撃し、自らの正当性を主張する態度や言葉も、優秀な政治家には大切なことだと感じる。

吉村氏の言葉は少し乱暴に聞こえる時もあるが、弁護士の経験があるだけに、ことを荒立てる一歩手前。いわゆる〝寸止め〟で終わるケースが多い。ディベート慣れしている弁護士の吉村氏の強みだ。

この「理解のない野党第一党党首にいちゃもんをつけられたら、うっとうしい」という言葉は、当時の立憲民主党の枝野幸男代表に対して、名前を出さずに皮肉を言ったケース。2021年5月の衆院予算委員会の国会論戦で枝野氏は、病床逼迫《ひっぱく》は、大阪府知事が煽ったためだとし「一番悪いのは大阪府知事」と攻撃。吉村知事は、反論会見で枝野氏の名前こそ出さなかったが、しっかりとこれに答えた会見だった。実際に僕は、枝野氏の指摘は少し的《まと》外れに感じていた。

大阪府はこの時、府内でのコロナ感染の重症者が最大450人に達していたのが、約200人にまで減少。一部の医療機関からは「空いたベッドを他の患者に使いたい」との要望が出ていた。この時点では、コロナ患者が、再び増える可能性もあったし、慎重な対応を迫られていた。

確保病床とは感染状況に合わせて用意する病床《びょうしょう》の上限数。大阪府はしっかりとこれを用意した。一方、運用病床数は今すぐ使える病床だ。緊急事態宣言が解除された、この時点での判断は妥当で枝野氏の指摘はあたらない。言う時は言うという吉村氏の姿勢がよく表れていた。

013

「岸田さんのやり方で日本が成長するとは思いません。政策的な対立軸は明確になった」

（スポーツ報知　2021年9月29日）

岸田文雄首相に対しては、日本維新の会は是々非々での対応の姿勢だった。しかし、2023年4月の統一地方選挙を睨《にら》んで立憲民主党との共闘強化の方針を強めている。安全保障政策では、自民党に近い日本維新の会ではあるが、増税については慎重な姿勢。

安倍政権、菅義偉《すがよしひで》政権とは日本維新の会は政策も近く、橋下徹氏は個人的にも安倍首相と親しかった。安倍晋三氏は一度目の総理経験後、橋下氏が当時出演していたテレビ番組『たかじんのそこまで言って委員会』（読売テレビ）に何度も出演し、面識があったことも大きいと僕は思う。安倍晋三氏を二度目の総理の椅子へと導くきっかけを作ったのも橋下氏だった。

安倍政権で官房長官を務め、安倍首相の次に政権についた菅首相も、松井一郎氏、吉村洋文氏ともに親しかった。菅首相に吉村氏が、ワクチン供給のスピードが接種に追いついていないと直談判したこともあった。

また、2021年9月3日には、菅首相が次の自民党総裁選に出馬しないと発言したのを受け、吉村氏は「誰がやっても一番しんどい時期に前面に立って対策をされた。菅総理が7月までに高齢者ワクチンの接種を終わらすと大号令をかけなければ、まだ終わっていなかったかも」と労《ねぎら》い、「万博、IRなど大阪の地方政策進展に非常に理解をいただいた」と感謝を述べた。

それとは対照的な、岸田首相への冷ややかな吉村氏の言葉。岸田政権では、知事や地方からの意見よりも霞が関の官僚や政治家への配慮が強い傾向にある。吉村氏の懸念もそれ。大阪・関西万博開催を2025年に控え、岸田政権の強い後押しも本音では欲しいところ。政治家の発言は、どんどん変わる。このことは覚えておいて欲しい。

014

「色んなことにチャレンジすると
間違いも出てくる。
〝これは間違いだ〟と思ったら
素直に認め、間違えていましたと
言うようにしようと
思っています」

（スポーツニッポン　2022年1月3日）

吉村氏と橋下氏、松井氏の共通点は、真面目で僕たち取材するマスコミとも激しく対峙するが、記者会見から逃げず、記者の質問には誠心誠意答えようとすること。メディアの習性をよく理解していると思う。「隠す」「嘘をつく」そうすると我々記者は「何があるのか」「真実はどこにあるのか」と掘り下げていく。3人に共通するのは、対応が丁寧で、時間いっぱいまで記者の質問が続くなら会見を切り上げないところ。長く多くの政治家を取材してきた僕から見る限り、これは特筆的。橋下氏は「メディアは問題を掘り下げるのが仕事。民主主義の守護者」と言っていたが、吉村氏もよく理解している。記者の質問に誠心誠意答える姿勢を崩さないところに弁護士としての矜持を感じる。

そして間違いは素直に反省する。多くの政治家や行政マンは勘違いしている。国民は馬鹿ではない。見るところはちゃんと見ていると取材経験から感じる。

この発言はMBSテレビの『直撃！ 池上彰×山里亮太〜どーなる？ 2022ニュースな人〜』での発言。うがい薬がコロナに効果的とした会見について司会の池上氏に「科学的根拠がないのではと随分叩かれましたね」と振られると、吉村氏は「あれは発表の仕方が間違っていた」と素直に非を認め、「前にイソジンを並べる必要はなかった。ポビドンヨードのうがい薬はたくさん出ていると言いたかった。やりかたを間違えた」と頭をかいた。この普通の感覚がきっと吉村氏の最大の魅力であり武器なのではないだろうか。

015

「5月のジャパニーズ
日差しは要注意やで」

（吉村洋文　Instagram　2022年5月4日）

この言葉は2022年5月4日の吉村氏のInstagramからの発言。インスタ投稿を読むと、吉村氏は天気が良かったのでコーヒー片手に公園でパリジャンを気取って読書をしていたら、半袖の下が真っ赤に日焼けしてしまったらしい。真っ赤になった左腕の写真をTシャツ姿でアップした。

普段は呑気な「若者」である。インスタ投稿もほのぼのしたものばかり。僕も何度か吉村知事と番組出演やプライベートでお会いしたが、本当に気さくな性格。飾らないし、偉そうにしない。

知事としてあまりに普通なので「吉村さん、もっと偉そうでもいいのでは」と言ってしまったことがある。すかさず吉村氏に「偉そうにできませんやん。仕方が分からんし」と大阪弁で返された。

普段の吉村氏は、〝大阪の兄ちゃん〟という言葉がぴったりくる。でもイケメンなのは間違いない。そこだけが僕は悔しい。

016

「旧統一教会によって
泣いている国民が多くいて、
もしそれが政治の力によって
歪《ゆが》められているなら、
正さなければならない」

（吉村洋文　Twitter　2022年7月18日）

2022年7月8日午前11時半すぎ。奈良市内で参院選の街頭演説中の安倍晋三元首相が凶弾に倒れた。許されない蛮行。山上徹容疑者と旧統一教会との関係……信者やその家族の困窮と多額の献金が殺害動機として急浮上。自民党を中心とする政治家と旧統一教会との密接な関係もあぶりだしになった。

吉村氏はこの一連の動きを受けてTwitterで「正すべき」と発言した。

僕は1995年に日本テレビの『THEワイド』に出向し、オウム真理教や一連のカルト宗教を取材した。当時は元読売新聞記者で『仁義なき戦い』の作者、飯干晃一《いいぼしこういち》氏が娘でタレントの飯干恵子（改名して飯星景子）氏を統一教会から取り戻した壮絶な戦いが注目された。巧妙に忍び寄る手口、身ぐるみ剥ぐ献金、霊感商法、強烈なマインドコントロール。どれをとっても反社会的行為。番組では被害者の声をジャーナリストの有田芳生《よしふ》氏や弁護士の紀藤正樹氏と追い続けた。あの悪夢が、安倍元首相の遭難でよみがえった。正直、まだ組織が生きていたことに驚き、子供たちの被害や政治家の釈明に驚愕した。2023年1月5日、悪質な寄付勧誘行為を禁じる被害者救済法が施行《しこう》された（改正消費者契約法は6月1日より施行される）が、被害者や信者の子供たちを救済する点で不備も指摘される。吉村氏の法律への問題意識の高さと人権救済意識は、やはり弁護士としての知識と経験がベースにあると僕は感じる。

017

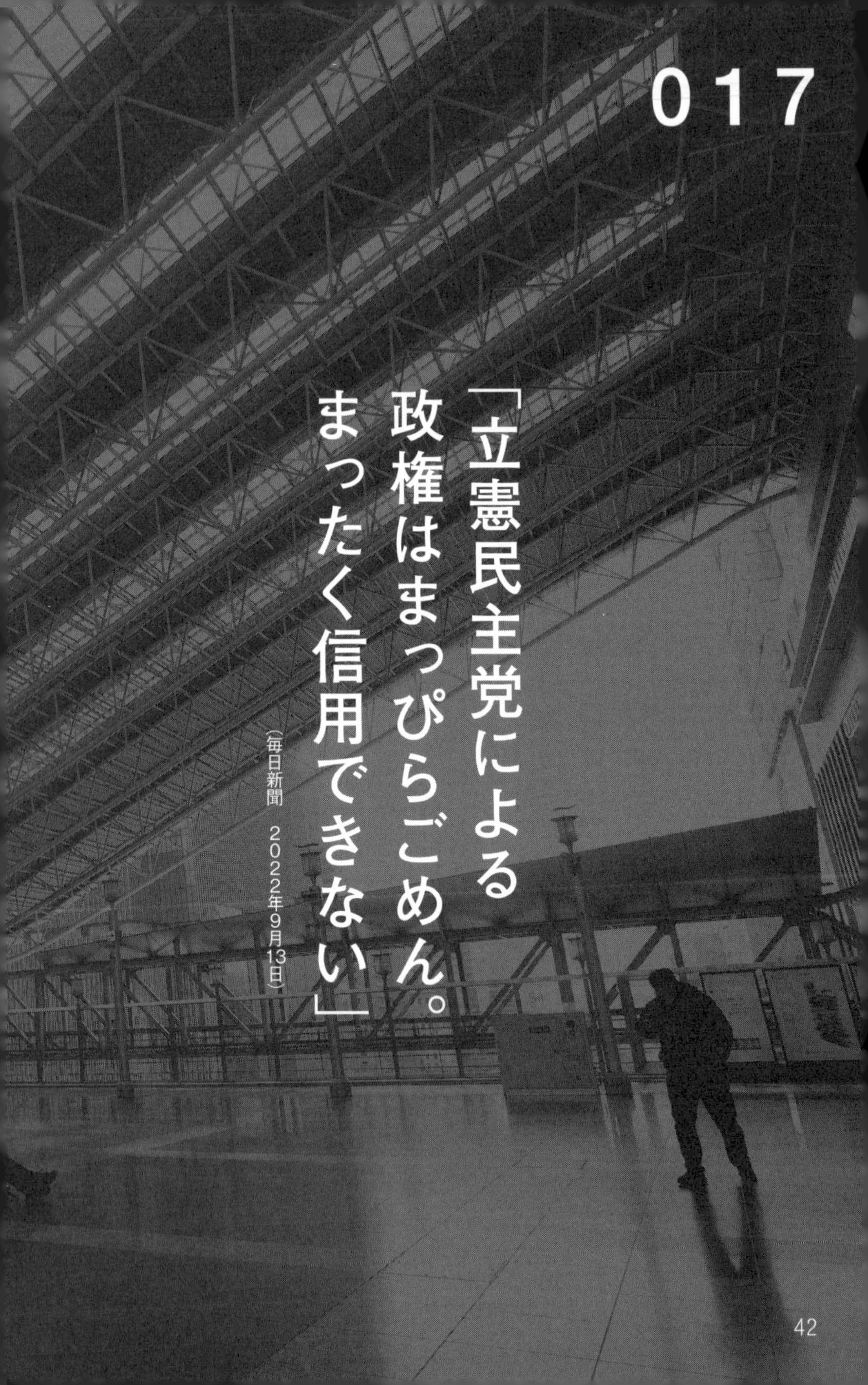

「立憲民主党による
政権はまっぴらごめん。
まったく信用できない」

（毎日新聞　2022年9月13日）

吉村氏は立憲民主党に対して不信感が強い。大阪都構想に対して、自民党と共に反対。住民投票で激しく戦い維新は敗北した。大阪の選挙ではことごとく対立してきた。

この発言は、立憲民主党は泉健太代表がネクスト首相を務める「ネクストキャビネット（影の内閣）」を発表した2022年9月13日のもの。

この時、日本維新の会の共同代表だった吉村氏は「立憲はまったく信用できない」と歯牙《しが》にもかけなかったのだ。立憲へのこれまでの怨嗟《えんさ》が発言につながったと僕は見ている。知的で思慮深い吉村氏だが時として感情が露わになる。このあたりは橋下徹氏と共通している。弁護士なのだからもう少し言葉を柔らかくしたらいいと思うのだが、そうはいかない。

2022年の秋以降、国会対策では立憲との共闘姿勢を進めている。しかし、大阪での対立構造はそのまま。このあたりも維新の理解をややこしくしている要因。とにかく、吉村氏の記憶に、「都構想潰し」をした立憲民主党へのアレルギーが強く残っているのは間違いないと僕は思う。

018

「みんな、健康第一やで。
健康には気をつけて
生きていこうな」

（吉村洋文　Instagram　２０２２年9月20日）

2022年9月20日の吉村氏のInstagramの投稿からの一言。人間ドックを受診し、書き込みをした。飾らない一言も吉村氏の魅力の一つ。この日の写真も緊張感のある公務の顔から一変し、病院の検査着でリラックスしたムードが垣間見れる。

放送スタジオやプライベートの吉村氏の素顔は、大阪の気のいい兄ちゃんという言葉がぴったりくる。出演アナウンサーにも気を使い、併せて出演ゲストにも丁寧に挨拶をする吉村氏。

「そんなの当たり前では？」と思う人が多いだろうが、実は政治家にはこんな普通のこともできない人が多い。挨拶もちゃんとせず、不機嫌そうにスタジオ入りする政治家。出てやっているという顔の議員。そんな人物をどれだけ見てきたことか。

吉村氏は、逆に「そんなに無防備でいいんかいな」とむしろこっちが心配するほど自然だ。インスタの言葉にも素顔で普通の吉村氏がよく表れている。

019

「顧問とのやりとりは公務にあたらず、保存すべき公文書の対象でもない」

（毎日新聞　２０１９年11月5日　大阪夕刊）

２０１９年11月５日の毎日新聞大阪夕刊は、大阪市長在任中の学力テストを教員評価に反映させる仕組み作りを検討する中で、吉村氏が大阪市の特別顧問（当時）で東北大学教授の大森不二雄氏とメールでやりとりしたことを受けて、私用メールとして交わしたメールが公文書として保管されなかったことが、情報公開制度を形骸化する危険をはらむと報じた。

吉村氏は「顧問とのやりとりは公務にあたらず、保存すべき公文書の対象でもない」と答えた。記者の質問に続けて吉村氏は「僕が役所に指示した時からが公文書管理の対象。顧問とのやりとりは頭の整理」と説明した。

私用メールは条例の想定外。特別顧問とのやりとりということになると、行政の意思決定に影響がまったくないとは言えない気もする。従来の管理方法と仕組みにも限界があるのはもちろんだ。吉村氏はこの質問に知事として真摯《しんし》に答え、公文書管理の重要性について何度も強調していた。弁護士としての吉村氏のルールの重要性と情報公開の大切さも認識しての答えだったと思う。政治家と個人。公務と私事の線引きは難しい。吉村氏も「ここまで指摘されるのか」と思ったことだろう。

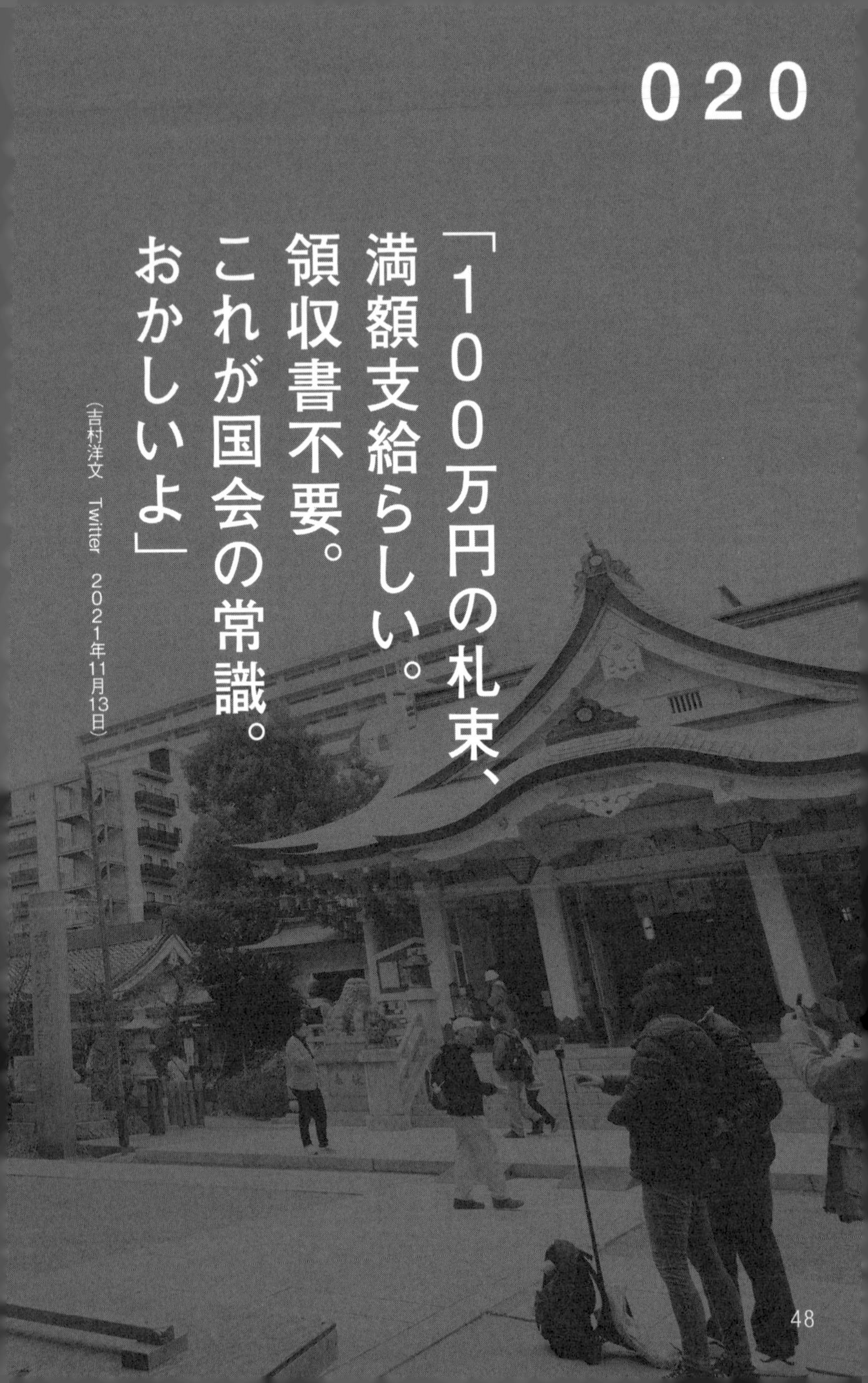

020

「100万円の札束、
満額支給らしい。
領収書不要。
これが国会の常識。
おかしいよ」

(吉村洋文 Twitter 2021年11月13日)

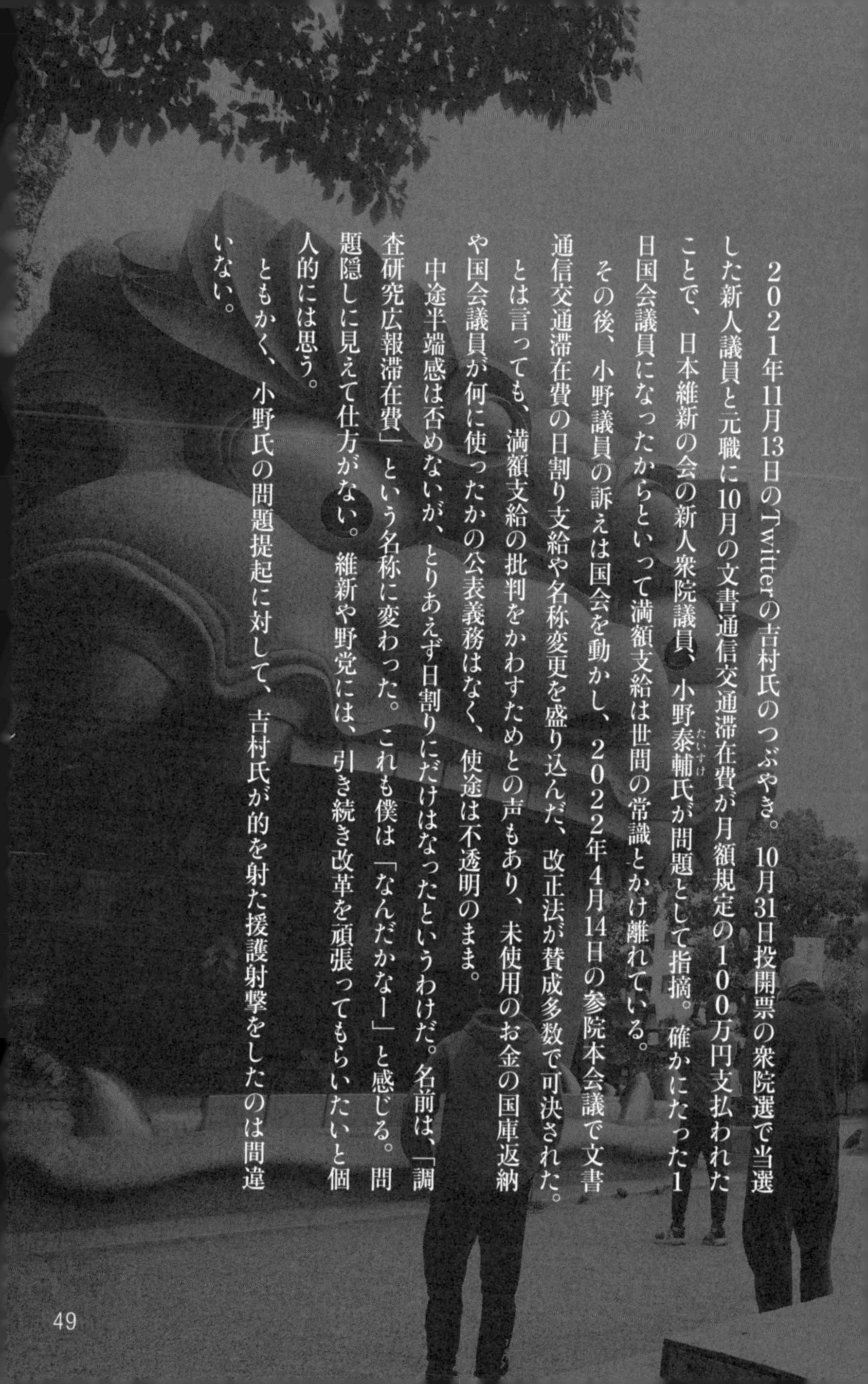

２０２１年11月13日のTwitterの吉村氏のつぶやき。10月31日投開票の衆院選で当選した新人議員と元職に10月の文書通信交通滞在費が月額規定の１００万円支払われたことで、日本維新の会の新人衆院議員、小野泰輔《たいすけ》氏が問題として指摘。確かにたった１日国会議員になったからといって満額支給は世間の常識とかけ離れている。

その後、小野議員の訴えは国会を動かし、２０２２年４月14日の参院本会議で文書通信交通滞在費の日割り支給や名称変更を盛り込んだ、改正法が賛成多数で可決された。

とは言っても、満額支給の批判をかわすためとの声もあり、未使用のお金の国庫返納や国会議員が何に使ったかの公表義務はなく、使途は不透明のまま。

中途半端感は否めないが、とりあえず日割りにだけはなったというわけだ。名前は、「調査研究広報滞在費」という名称に変わった。これも僕は「なんだかなー」と感じる。問題隠しに見えて仕方がない。維新や野党には、引き続き改革を頑張ってもらいたいと個人的には思う。

ともかく、小野氏の問題提起に対して、吉村氏が的を射た援護射撃をしたのは間違いない。

021

「僕は辻元（清美）さんに嫌われていると思いますけど、僕も辻元さんのこと嫌いです。でも、共闘するとなると自民党が強いんだから、個々の政策でやれることをやった方がいい」

（スポニチアネックス　2022年9月22日）

吉村氏と松井一郎大阪市長は、辻元氏には悔しい思いをしている。大阪都構想に反対の立場で、当時、立憲民主党の副代表だった辻元氏は、激しく二人を批判した。

一度目の住民投票は橋下市長の時、敗退。そして、2021年11月1日の大阪市を廃止し4特別区へ再編するという、再びの「大阪都構想」の住民投票が決まった。

コロナ対策を日々こなす吉村知事・松井市長の人気も堅調だったため、住民投票で可決される可能性が高いと見られていた。メディアの多くも「今回は維新有利」との下馬評。しかし、状況は決して甘くない。新型コロナの中での住民投票は、次第に「こんな大変な時になぜ住民投票やるんや」という批判の声をも含むようになっていった。

投票も感染対策をとりながら。いつもの街頭演説や車座集会も自粛したため、維新の得意とする直接対話ができないから考えが伝わりにくい。訴えの終盤には松井・吉村両氏にも焦りが浮かぶ。対する自民党、立憲民主党ら反対派は、「大阪市という名前を消すな」「大阪市廃止にNO！」と分かりやすいキャッチフレーズを立て、「大阪市」という名前にこだわった運動を展開。大阪弁で激しく大阪市民に訴えた。

結果は、またもや僅差で否決。大阪に住んでいる人でも負けた理由をよく理解している人は少ない。その理由とは、大阪がここ数年、住み良く美しい街に変貌したことにある。

大阪城公園のブルーテントも全てなくなり、御堂筋も地下鉄も劇的にきれいになった。大阪キタの大阪駅周辺や梅田の再開発とミナミの心斎橋、難波も活気が戻った。破産寸前と言われた大阪府、大阪市の財政赤字も改善。大阪が橋下府知事就任以降、大改革と見直しが進み「もうこれでいいやんか。何を変えるのか分からない」という声も増えた。大阪市に若い住民が増えたことも要因の一つだ。

後の言葉でも説明するが、そうした状況に辻元氏らが発した分かりやすい反対キャッチフレーズ、「ええやん、このままで」という現状維持を訴えるメッセージが、高齢者、若者の支持票を掘り起こしたのだった。

辻元氏の分かりやすくインパクトのある演説。「総理！　総理！」と小泉純一郎元首相に国会で質問した、彼女の笑いと分かりやすい演説は今でもピカイチだ。

だからこそ、吉村氏は辻元氏に今でも、悔しさをにじませてしまうのだろう。

022

「前例がなくともやると判断し、決断して実行できるか。最後は勇気だと思います」

（東洋経済オンライン　2020年7月22日）

新型コロナ対応で全国的に注目を浴びた吉村知事。コロナ禍までは政治家として僕は「線が細いし、会見での打ち出し方も下手だ」と感じていた。説明も秀才タイプの回りくどい説明や難しい用語の多用が目立った。しかし、大きく変化したのがコロナの感染拡大以降だ。連日の会見。記者からのキリキリとした質問攻勢と瞬時の判断。疲れていただろう。しかし、吉村氏は緊急時に政府の対応や首相、官房長官、官僚の言葉より、分かりやすく、具体的に大阪府民に語りかけた。

時には厳しく。時には自身の不安ものぞかせながら。テレビ画面から直接語りかける吉村氏を大阪府民のみならず、全国の人々が「吉村知事は分かりやすい。真剣さが伝わる」と評した。原稿を持たず、持っていたとしてもペーパーにいちいち目を落とさず、しっかり自分の言葉で語り続けた。この緊急対応が彼を変えた。いや、政治家として鍛えられたと言ってもいいだろう。元来持っていた資質が開花したのかもしれない。

コロナ以前、辛坊治郎キャスターのヨットが係留されている大阪府内のヨットハーバーで、吉村氏とプライベートで歓談した時のこと。「どうしたら、テレビ出演時や会見で、もっと分かりやすく自分の言いたいことを伝えられますか？」と素直に、しかも真剣に聞かれた。テレビマンの僕は「センテンスを短く。原稿を見ないで、思ったことは少々の間違いは気にしないで自分の言葉で話すことでは」とアドバイスした。「難しいなー」と頭をかいた吉村氏の表情を思い出す。

危機的な状況と場数は、彼を政治家として磨き上げた。今では橋下徹氏を凌ぐほどの説得力。なんとかこの大阪府を救わなければという使命感が彼を変えたと僕は思う。正解のない不安な日々の中で勇気を育成した吉村氏。元々あった資質が開花しただけなのだろう。僕のアドバイスも少し役に立っているかも。いや、きっと忘れていると思う。それぐらい今の吉村スタイルは確固たるリーダーシップを実践している。

023

「だめだったら、選挙で首を切られる。政治家は使い捨てでいいと思っている」

（東洋経済オンライン　2020年7月23日号）

まったくその通りだ。長年国会や地方政治を取材し見つめてきた僕は、この考えに共感する。国会議員も首長も、そして行政マン・公務員の全てが、国民主権のこの国では、「Public Servant（公僕）」、公共のしもべである。ちなみに「Public Officer」が英語での公務員。このことを忘れがちだ。「公務員は偉い」「政治家は選挙で選ばれた代表者」だという意識ばかりが前面に出ている人のなんと多いことだろう。その異様さに気がついていない始末。選挙こそが、民意を反映し、政治家を育てる唯一のシステムである。吉村氏の考えが、とてもまともだと僕が思う所以《ゆえん》だ。

吉村氏は4年弱の大阪市長の経験を生かしている。大阪府知事になって「仕事のプレッシャー、ストレスはほとんどない」と同じく東洋経済オンライン（2020年7月23日号）の取材で語っているが、橋下氏のように突破力を駆使するのではなく、できるだけ敵を作らない戦術を使っているという。仲間を増やし、理解者を増やすのが〝吉村流〟だと説明する。これまでもチャンスがあれば飛び込んできた吉村氏。この、平衡感覚こそが吉村氏を突き動かしている。

024

「力がある人、金持ち、そうでない人も、法は平等に適用される」

（東洋経済オンライン　2020年7月23日）

中学生の頃、法の下の平等に惹かれ、その後、大阪の進学校の一つ府立生野高校で卒業生の弁護士や政治家の話を実際に聞き、法学部を目指すことになった吉村氏は、弁護士として活躍しはじめて10年が過ぎた頃、名物番組『たかじんのそこまで言って委員会』の制作会社社長と知り合い会社の顧問弁護士になる。その方の紹介でシンガーソングライターで〝関西の視聴率男〟の異名をとった故・やしきたかじん氏と面識が生まれ、氏の顧問弁護士に就任。この番組にレギュラーで出演していたのが、のちに大阪府知事に立候補・当選した橋下徹氏だった。縁というのは不思議である。

僕はたかじん氏の亡き後、番組のチーフプロデューサーを丸7年務めた。司会は読売テレビの先輩で、すでにフリーだった辛坊治郎氏。橋下氏、松井氏そして吉村氏のスタジオ出演や素顔も取材した。大阪維新の会の結成や橋下氏の府知事選出馬もたかじん氏、辛坊氏がアドバイスをしている。橋下氏の考えややり方も当然、吉村氏に受け継がれた。「政治の世界は特殊な世界。魑魅魍魎《ちみもうりょう》がいる。橋下さんは自分の利益をほとんど考えない。私もそうしたい」と吉村氏はスタジオの楽屋で僕に語った。平衡感覚と庶民性。

橋下氏は政治家を引退し、何度も政界復帰が囁かれ期待もされたが、今もテレビや講演で批判や発信を続けるだけで復帰の兆しはない。吉村氏もいつか政界引退したら自由に生きたいと思っている。平等感も吉村氏を知る上で大切なキーワードだ。

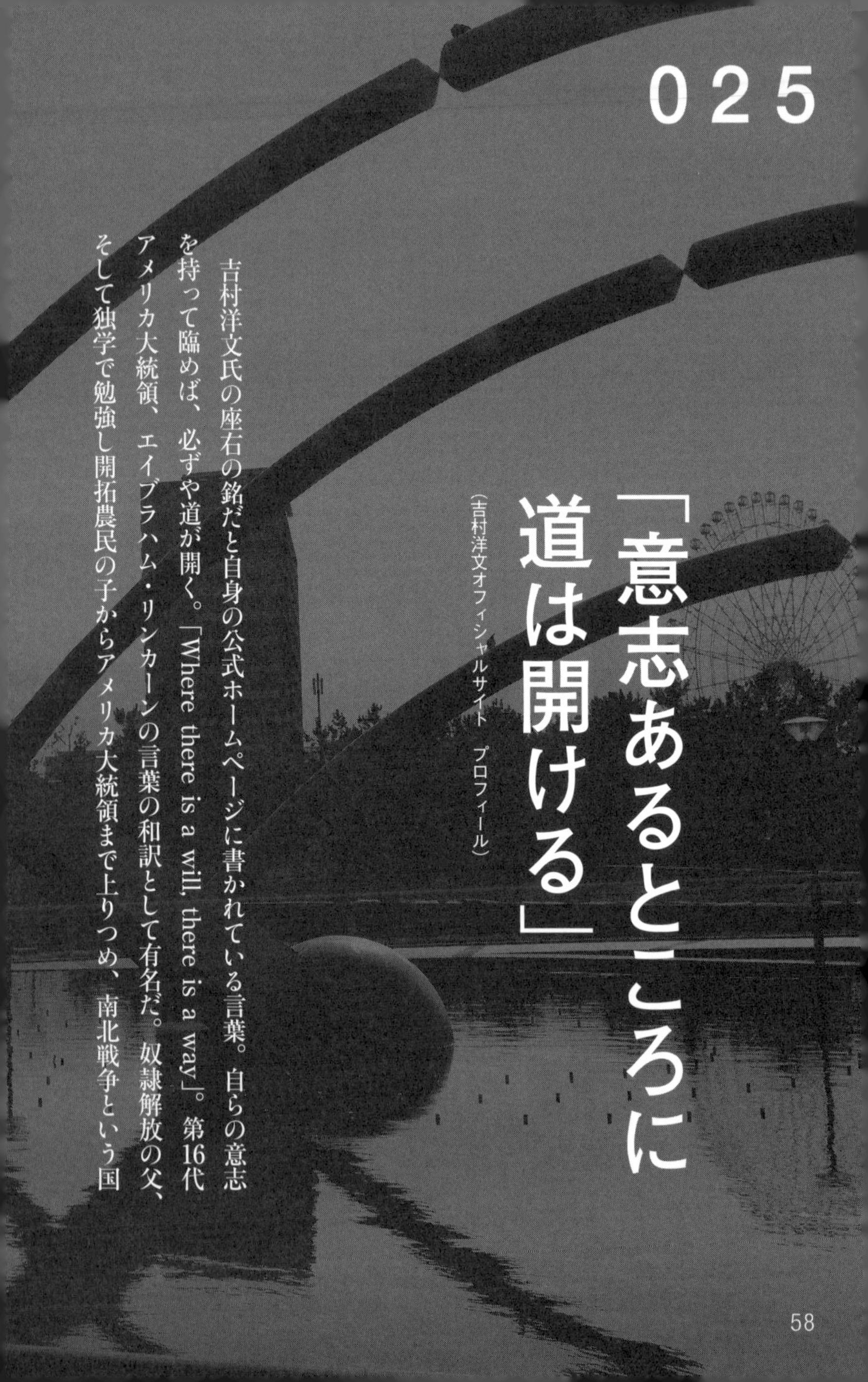

025

「意志あるところに道は開ける」

（吉村洋文オフィシャルサイト　プロフィール）

吉村洋文氏の座右の銘だと自身の公式ホームページに書かれている言葉。自らの意志を持って臨めば、必ずや道が開く。「Where there is a will, there is a way」。第16代アメリカ大統領、エイブラハム・リンカーンの言葉の和訳として有名だ。奴隷解放の父、そして独学で勉強し開拓農民の子からアメリカ大統領まで上りつめ、南北戦争という国

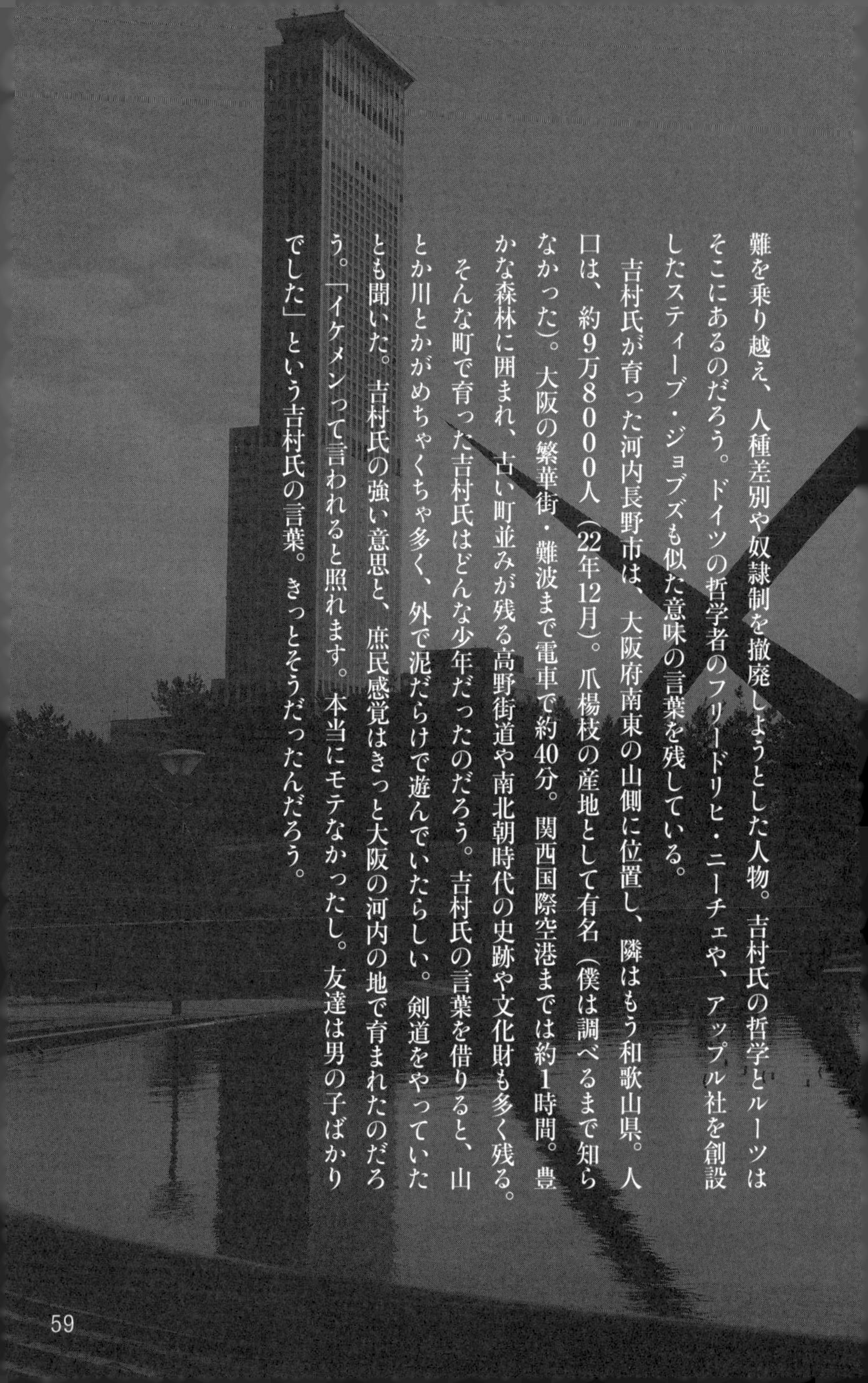

難を乗り越え、人種差別や奴隷制を撤廃しようとした人物。吉村氏の哲学とルーツはそこにあるのだろう。ドイツの哲学者のフリードリヒ・ニーチェや、アップル社を創設したスティーブ・ジョブズも似た意味の言葉を残している。

吉村氏が育った河内長野市は、大阪府南東の山側に位置し、隣はもう和歌山県。人口は、約9万8000人（22年12月）。爪楊枝の産地として有名（僕は調べるまで知らなかった）。大阪の繁華街・難波まで電車で約40分。関西国際空港までは約1時間。豊かな森林に囲まれ、古い町並みが残る高野街道や南北朝時代の史跡や文化財も多く残る。

そんな町で育った吉村氏はどんな少年だったのだろう。吉村氏の言葉を借りると、山とか川とかがめちゃくちゃ多く、外で泥だらけで遊んでいたらしい。剣道をやっていたとも聞いた。吉村氏の強い意思と、庶民感覚はきっと大阪の河内の地で育まれたのだろう。「イケメンって言われると照れます。本当にモテなかったし。友達は男の子ばかりでした」という吉村氏の言葉。きっとそうだったんだろう。

026

「ちゃんと寝てます。
しんどいのは府民、
国民の皆様の方です」

（吉村洋文　Twitter　2020年4月11日）

2020年4月11日、吉村氏の公式Twitterでのつぶやき。この頃、吉村知事は、新型コロナの感染対策で奔走《ほんそう》していた。

2019年12月初旬に中国・武漢で確認された新型コロナウイルス＝COVID-19は当初、中国だけの、日本にとって対岸の火事と思われていた。

僕は鳥取大学医学部附属病院の特別顧問を務めている。この年の正月の病院会議で「対岸の火事ではない。備えておいて欲しい」と注意喚起し、原田省病院長（当時）も大きく同意してくれたことを思い出す。

その後、1月15日に日本初の感染者を確認。2月3日に横浜港に到着した豪華クルーズ船『ダイヤモンド・プリンセス号』で新型コロナ感染者が多数確認された。メディアや政府もこの頃から「水際で食い止めることはできない」と顔色が変わる。健康状態の情報が十分確認できないまま下船した例が多くあったことが分かってきたからだった。

結局、ダイヤモンド・プリンセス号の乗員・乗客3713人のうち、712人の感染が確認され、少なくとも14人が亡くなった。致死率は2・0％と高い数字を示した。検疫官や医師など外部の人にも感染。感染は拡大していく。

大阪府内では、この年の2月下旬にライブハウスでクラスター（集団感染）が発生。ライブハウス名を公表。注意喚起を促していく。3月には吉村知事から飲酒を伴う店の利用自粛が出され、歓楽街に閑古鳥が鳴く。

3月下旬から東京や大阪など大都市でのコロナ感染が拡大。医療従事者の感染も増え、連日、吉村知事は記者会見をし、併せて、積極的にテレビ出演もして注意喚起を行った。4月7日には、政府から特別措置法に基づく「緊急事態宣言」が発せられたのだった。緊張感は町を覆い、「外出自粛」で、読者の皆さんの多くと同様に僕は、テレビ局にも取材に行けなくなる。

吉村知事は対応に終われ、それでも連日テレビ出演し、自らの声で会見と発信を続けていた。吉村氏のTwitterには、その時の言葉が残っている。知事の健康を気遣うツイートに対して「ちゃんと寝てます。しんどいのは、府民、国民の皆様です。橋下さんの言葉を借りれば、政治家は使い捨てでいいんです。この先、さらに厳しい状況になるかもしれませんが、国難を一致団結して乗り越えましょう」と。自粛の不安を抱える府民や市民には大きな勇気になったに違いない。

このことに対して「ポピュリズムだ」という批判の声もあった。しかし、吉村氏は、真剣に向き合っていた。我慢と一致団結を、声を振り絞って訴えた吉村氏。僕はメディアの一員として権力のチェックということを忘れてはいなかったが、そんな吉村氏に「苦しいけれど頑張って」とエールを送らざるを得なかった。

EXPO
2025
OSAKA, KANSAI, JAPAN

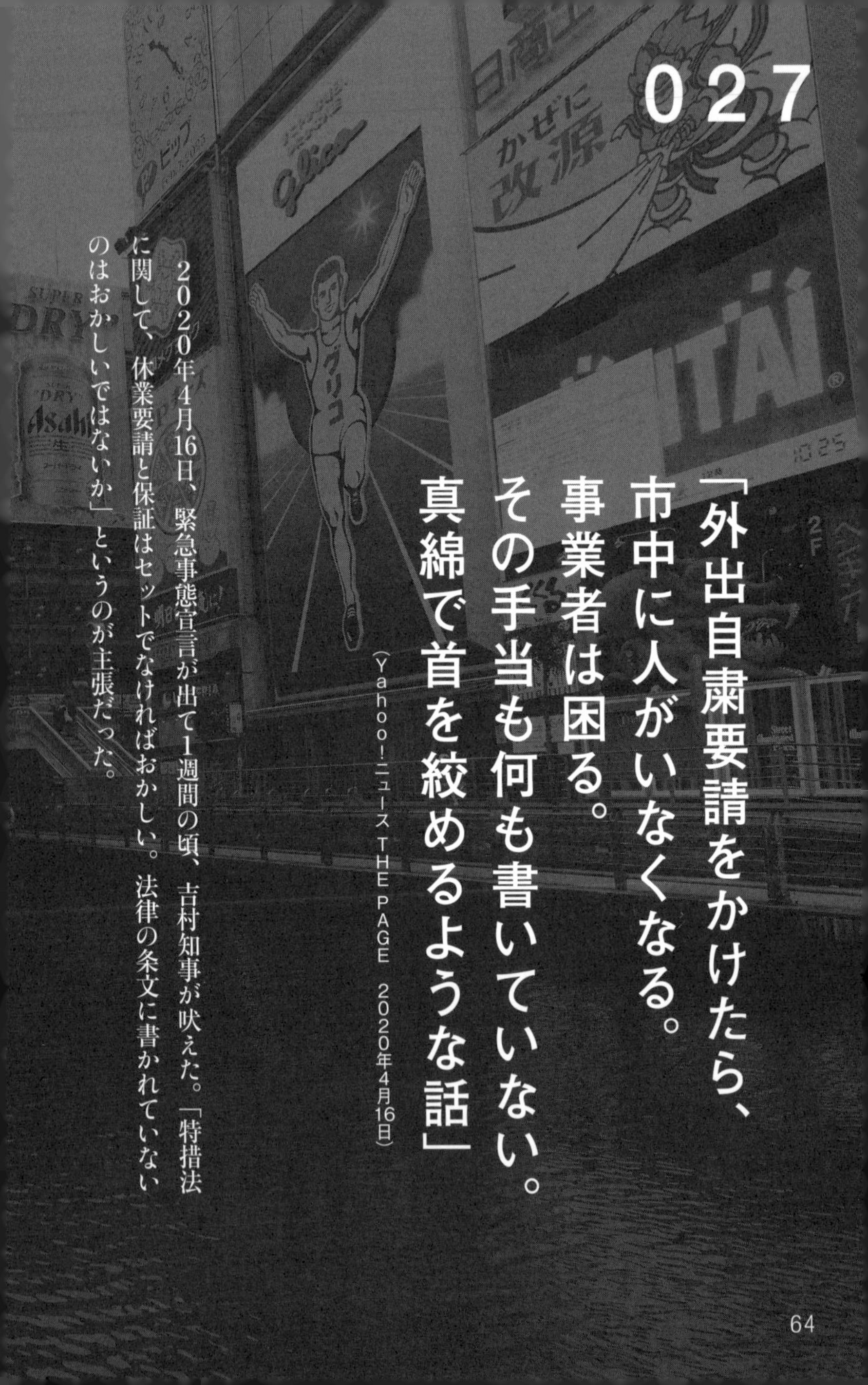

027

「外出自粛要請をかけたら、
市中に人がいなくなる。
事業者は困る。
その手当も何も書いていない。
真綿で首を絞めるような話」

（Yahoo!ニュース THE PAGE　2020年4月16日）

2020年4月16日、緊急事態宣言が出て1週間の頃、吉村知事が吠えた。「特措法に関して、休業要請と保証はセットでなければおかしい。法律の条文に書かれていないのはおかしいではないか」というのが主張だった。

この前日、吉村知事は、休業要請をした個人事業主に対して大阪府から一律50万円、中小・零細企業には一律100万円の支援金を実施する方向と発表していた。この後、安倍首相（当時）は、国民1人あたり現金10万円の給付を決める。

この頃ニュースで、吉村知事と小池百合子東京都知事の会見がよく比較されていた。吉村氏が具体策を提示し、分かりやすく府民に説明する中、小池氏は横文字が多く、キャッチフレーズが先行した。どちらが良いとか悪いとかいう話ではないが、吉村知事の説明が説得力を持っていたことは間違いない。勇《いさ》み足や、声を荒らげるシーンもあったが、府民のみならず全国に吉村知事は〝決める首長〟のイメージが定着した。

この時、大阪市内には、日中はまだ人通りはあったが、夜は人っ子一人歩いていなかった。繁華街の北新地も真っ暗。客待ちをするタクシーは1台もない。僕らも家からリモートで番組制作を続けた。

今思い出しても未曾有《みぞう》の経験だった。そんな中で、危機管理の経験は吉村知事を育てていった。

028

「宣伝しているふりして、
実際はスーツが好きじゃない」

（日刊スポーツ　2020年5月10日）

2020年5月10日放送『そこまで言って委員会NP』番組内での吉村氏の発言。僕は、この番組のチーフプロデューサーだったから直にスタジオ収録で聞いた。ドバイ万博の開催がコロナの世界的な感染拡大で1年延期になったことを捉え、大阪・関西万博の行方とコロナ収束の見通しをテーマに討論した時だった。

吉村知事には、番組秘書（当時）の黒木千晶《ちあき》読売テレビアナウンサーが「EXPO2025」と左胸に白く書かれた作業服でいつも記者会見に臨んでいることを聞いた。この日も同じ服装の吉村氏は「スーツが嫌いなんですよ」と説明。1年前も万博マークの白いポロシャツを着て、記者会見に臨む姿が目立ったのを思い出した。

番組議長の辛坊治郎氏が「そこそこ古くから吉村さんを存じ上げているが、昔からファッションセンスがない人なんですよ」と突っ込むと、「そうなんですよ。辛坊さんの言われる通り。宣伝しているふりして、実際はスーツが好きじゃない」と話した。

なんでも、ネクタイは同じ色のものを何本も持っていて着まわし。赤いネクタイ姿がきっと皆さんの頭に浮かんだのではないだろうか。スーツやシャツに柄を合わせたりするのが得意じゃないとか。プライベートでもトレーナーやジャージ姿が多い。意外にもファッションには無頓着。それでもなんでも似合う。

「いいよな、イケメンは何を着ても絵になる」。辛坊さんがぼやいた。

029

「情報はできるだけ隠したくなりますが、隠せば後で批判されます。判断や決断も、逃げずにやっていく。『逃げず、隠さず、おびえず』という感じですね」

（東洋経済オンライン　2020年7月22日）

橋下徹氏もよく口にした言葉だ。吉村氏と橋下氏は考え方や行動が近い。二人を取材した僕は常々二人には共通点があると感じていた。市民に直接訴えかける意欲、改革推進、正直であまり権謀術数《けんぼうじゅっすう》に頼らないといった政治姿勢だ。

今までの国会議員や地方議員には少なかったタイプだが、近年では首長にもこのタイプが増えてきたと感じる。例えば全国知事会会長の平井伸治《しんじ》鳥取県知事、仁坂吉伸《にさかよしのぶ》前和歌山県知事、高島宗一郎福岡市長、鈴木直道北海道知事などだ。政策や意思決定を自らの言葉で発信し、危機管理のリーダーシップを発揮する。特にコロナ禍で違いが際立った。地震や災害よりはるかに危機管理の手腕が求められた。

吉村知事は、感染状況を示す大阪府の独自基準「大阪モデル」を２０２０年5月に実施。感染状況の段階を分かりやすく伝えるために、通天閣や太陽の塔などを信号機のように「赤・黄・緑」の3色を切り換えてライトアップし、府民に訴えた。

２０２１年9月の第5波では感染爆発が発生。大阪府の1日あたりの新規感染者が初めて３０００人を超え、軽症・中等症の病床使用率は90%に達した。自宅療養は最大1万８０００人に。吉村知事は、この逼迫状況から大規模医療・療養センターを作り、病床１０００床を確保した。〝野戦病院〟とも呼ばれたこの施設は、住之江《すみのえ》区の国際展示場「インテックス大阪」に設置された。国内最大級のセンターだったが、1日の使用は最大でも70人、累計使用は３０３人に留まった。のちにメディアや反対派から、「無駄遣い」「独断専行」と批判されたが、取材した立場から言うと、府民の安心・安全確保のために速やかな判断をしたと感じていた。「結果論」なら誰でもなんとでも言える。

感染が落ち着かず医療逼迫が続いていたなら、備えは防波堤として機能したと思う。何もしないでいたのでは解決につながらない。

030

「大阪の府・市の二重行政をやめて、
東京のほかにもう1つの軸を大阪に作る。
東京とのツインエンジンで日本を
引っ張るような大都市にしていく」

（東洋経済オンライン　2020年7月23日）

大阪は長く、大阪府と大阪市が別々の政党の首長をいただいてきた。1995年に第48代大阪府知事に就任したのはタレントの横山ノック氏。ノック氏は、赤字続きだった大阪府の財政を立て直し、無所属ながら不良債権で業務続行不可能と目された木津《きづ》信用組合に業務停止命令を出すなど、タレントの強みを生かしてオール野党の議会をまとめる努力を続けた。2期目も235万票の圧倒的得票数で当選。しかし、選挙運動中の強制わいせつ疑惑が浮上し、1999年12月に辞職。翌年有罪判決が下った。

次に大阪府知事になったのは、元通産官僚で岡山県副知事だった太田房江《ふさえ》氏。2000年2月6日、自民党・公明党・民主党など5党の推薦を受け当選したが、2008年事務所費用の不正処理や講演謝礼の問題が発生し、3期目の立候補を断念した。

ノック氏の時も、太田氏の時にも大阪府と大阪市は二重行政を生み出す。太田知事は二重行政の解消を目論《もくろ》んだ。2000年に府と市を合併させる構想を練ったが、当時の磯村隆文《たかふみ》大阪市長が反発。逆に市の権限を強めるための「スーパー指定都市構想」を出した。これは、大阪府を廃止し政令都市としての大阪市を残すという考えで、のちに維新の大阪都構想の下敷きとなった。

橋下府知事の時には、平松邦夫《くにお》大阪市長との対立が激化した。平松市長は元毎日放送アナウンサー。当初は橋下知事とも歩調を合わせ、財政再建を図り、府市連携を進めたが、大阪都構想への反発から溝が深まり、最後は完全に決裂。解消できなかった。

2011年11月、平松氏は再選を目指して大阪市長選に立候補。民主党・自民党・公明党のみならず共産党までもが平松氏を支持した。対する橋下徹氏は、大阪府知事を辞職し大阪市長に立候補するという奇策に出て、75万票対52万票の大差で完勝した。

大阪の沈滞を解消し、東京とともに日本を牽引《けんいん》する。これは大阪府民や大阪市民の願いでもある。

阪急阪神連絡デッキ
SAGAWA

031

「(政治家でなければ)旅人とかになりたい」

(ABEMA 変わる報道番組 #アベプラ【公式】YouTube 2021年10月20日)

吉村氏は公式ホームページに休みの日は、子供と一緒に公園で遊んだりサッカーをしていると書いている。

また、「高校時代はラグビー部で遅くまで花園を目指して楕円球《だえんきゅう》を追いかけていました。勉強は不十分でしたが、良い青春時代でした」とも掲載している。

あだ名は「よっしん」。とにかく真面目な人だったようだ。

吉村氏と当選同期の日本維新の会の衆院議員・岩谷《いわたに》良平氏に聞くと「吉村さんは、真面目でいつも仕事をしている。でも、気配りや気遣いの人でもある」と教えてくれた。

今後の維新の躍進や動きについて、今一番気になるのが、吉村氏だと僕は思う。

現在、日本維新の会は、馬場伸幸《のぶゆき》衆院議員が代表を務め、吉村洋文氏が共同代表だ。今後の方向性や野党としての存在感など、吉村氏の舵取りに委《ゆだ》ねられるシーンも多いに違いない。

旅人になりたいという願望が実現できるのは、まだまだずっと先のことになると思う。

032

「失敗してもチャレンジしていけるような社会にしないと日本の産業は成長しない。新たなチャレンジに対して拒否反応が強すぎる」

（ABEMA 変わる報道番組 #アベプラ【公式】YouTube 2021年10月20日）

豊臣時代、大坂（当時はこう表記した）は、大阪城を中心として海外との交易や瀬戸内貿易、そして食料・物資の荷下ろしと商売で栄えた。江戸時代には、大阪湾の埋め立てと港湾整備、町の荷下ろし場をつなぐ河川の改修が積極的に行われ、瀬戸内海の海上輸送と西日本の物流拠点として発展。〝天下の台所〟と呼ばれた。

その後、文明開化が訪れた明治元年、外国事務局判事として大阪に赴任したのが五《ご》代友厚《だいともあつ》。東の渋沢栄一と並び称せられる大阪の恩人だ。長崎海軍伝習所でオランダ海軍士官から砲術、航海術、数学を学び、勝海舟や坂本龍馬、グラバーと交流があった五代は、大阪株式取引所を設立、大阪商工会議所を設立し初代会頭《かいとう》（会長）に就いた。

１９２３年９月の関東大震災の影響で大阪市に商工業が集中、人口は日本一の２１１万人に達する。これはニューヨーク市やロンドン市、パリ市などに次ぐ世界６番目の規模で〝大大阪〟〝東洋のマンチェスター〟と呼ばれた。

１９３４年の室戸台風や昭和恐慌の打撃で人口１位の座を東京に譲ったが、大阪は第二の都市として伸びてきた。その特徴は、政府や官僚主導ではない〝民間の力〟。

大阪城の再建も民間からの寄付だった。また大阪市中央公会堂の建設も民間。民間の力に応援されてきたのが大阪。だからこそ、吉村氏は、ベンチャー企業や大阪のスタートアップに期待を大きく寄せているのだろう。

033

「基本的な価値は『選択』なんです」

（ＡＢＥＭＡ 変わる報道番組 ＃アベプラ【公式】ＹｏｕＴｕｂｅ ２０２１年10月20日）

チャレンジ失敗が受け入れられることは、日本ではまだまだ少ない。僕は長くシリコンバレーの先進企業やベンチャー企業の取材をした経験がある。特にMacで有名なアップルコンピュータ社には、毎年足を運んだ。1997年のスティーブ・ジョブズのCEO復活や彼のキーノート（新商品プレゼン）、マイクロソフト社との歴史的な提携、そしてiMac発売に現地で立ち会った数少ない日本人の一人だ。

アメリカではスタートアップ企業に投資するのは当たり前。いきなり大成功して儲けるケースは少なく、まずは赤字からのスタート。投資家は、経営者らを叱咤激励しながら、そこからの浮上を見守る。やがて大企業に成長すれば大きなリターンを得る。

日本はというと、投資すればいきなり利益を求める。儲けが出ない企業は、リーダーをすぐに交代。アメリカやヨーロッパもビジネスにはシビアだが、長い目や可能性、オンリーワンのビジネスの結果などを、しっかり見極めていく投資家も少なくない。

吉村氏は、政権選択、都構想の選択で、市民や国民の目線はしっかりと中身を精査していないと感じ、そのことを歯がゆく感じてるようだ。「自分の力不足」「説明不足」という反省の言葉をよく話す。素直な姿勢には好感が持てるが、法律家としては是か否か、黒白つける気持ちと、原因と結果を求める傾向がある。そのことが、記者や反対勢力といらない軋轢《あつれき》を生みだす。そこが吉村氏のいいところでもあるのだが……。

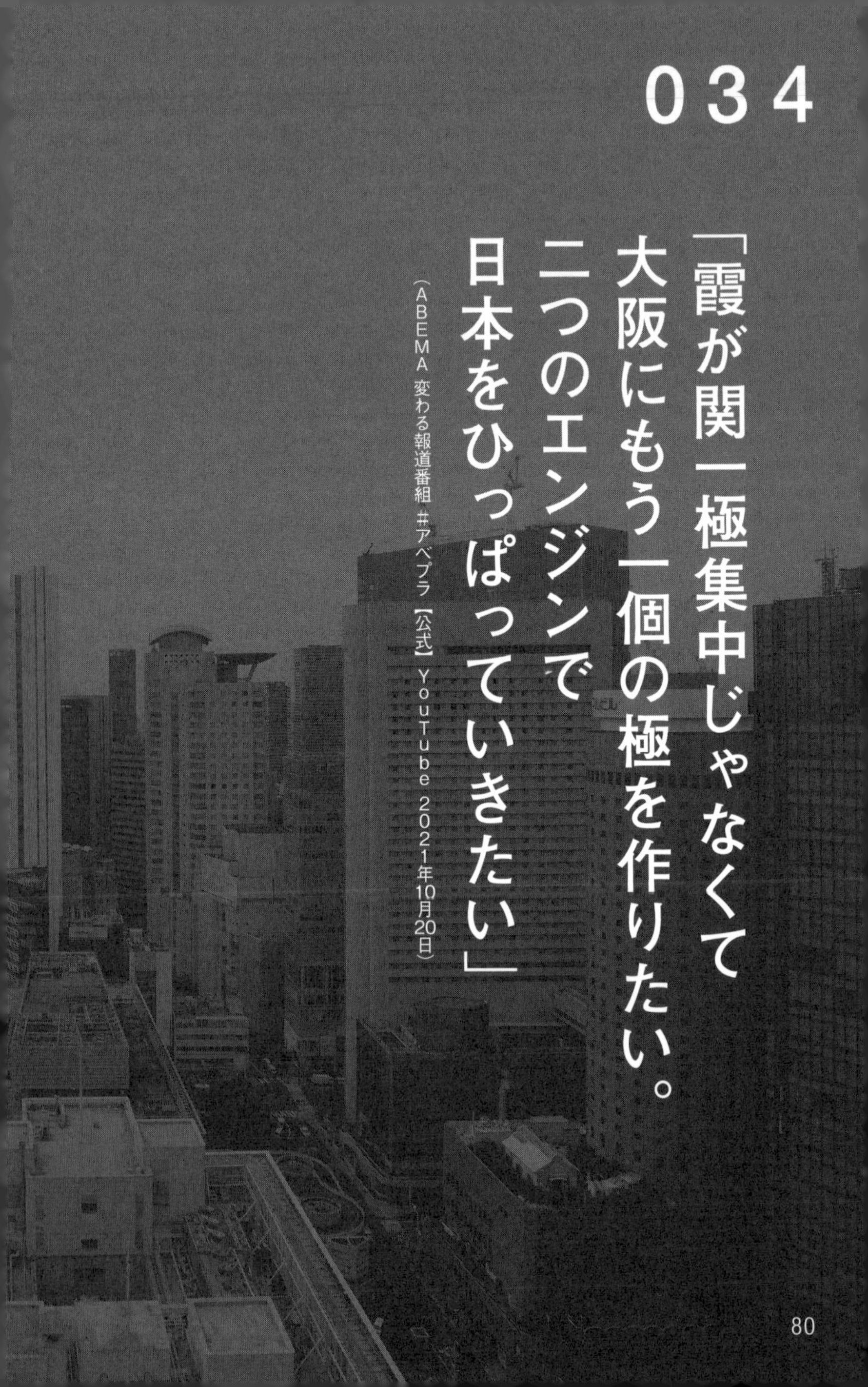

034

「霞が関一極集中じゃなくて
大阪にもう一個の極を作りたい。
二つのエンジンで
日本をひっぱっていきたい」

（ABEMA 変わる報道番組 #アベプラ【公式】YouTube 2021年10月20日）

吉村知事の中には、東京に対するライバル心がフツフツと燃える。これは東京に住む人には分からない感情だと思う。アンチ巨人軍の大阪人は、阪神タイガース（本当は本拠地の阪神甲子園球場は、兵庫県西宮市にある）をこよなく愛す。

そういえば2022年11月3日には、大阪市の目抜き通りの御堂筋で、オリックス・バファローズが日本一祝賀パレードを行った。この日は同時に「大阪・光の饗宴《きょうえん》2022」のライトアップもスタート。中嶋聡監督や山本由伸投手らに混じってUSJの人気者、マリオやピカチュウ、大阪・関西万博のアンバサダーのダウンタウンも参加して賑やかだった。吉村知事と松井市長もにこやかに特設ステージに現れ、優勝を祝った。

東京へのライバル心を持つことは、決して悪いことではない。「いつか抜いたる」と目標を持つこと。その克己心《こっきしん》が全国で一番強いのが大阪だと思う。東京も東京で、関西がライバルとなればもっと燃えるはずだ。東京の一強では面白くない。元総務大臣の増田寛也《ひろや》氏が「東京ブラックホール化」と「地方都市消滅」を叫び、警鐘を鳴らしたが日本を元気にする上でも、多様な見方と違う文化を持つ都市があるべきだ。

全ての日本の省庁（やっと京都に文化庁が移転）や国政機関が集まる東京。大企業の本社も全て東京。吉村氏には、大阪の意地を見せて欲しいと40年近く大阪で暮らす僕はエールを送る。

035

「あかんと思ったところから巻き返して優勝。本当に嬉しい」

（ABEMA 変わる報道番組 #アベプラ【公式】YouTube 2021年10月20日）

オリックス・バファローズは2022年10月30日「日本シリーズ2022 第7戦」で東京ヤクルトスワローズに勝利、日本一に輝いた。吉村氏は素直に喜んだが、実は面白いエピソードがある。

2020年11月19日生放送の『情報ライブ ミヤネ屋』に生出演した吉村氏は、司会の宮根誠司氏に振られて21日から開幕のプロ野球日本シリーズについても話している。この時の試合はソフトバンクVS巨人だったが、観戦したいと述べながら「子供が巨人ファンなので巨人側で見たい」と話し、宮根氏に「うそー。大阪の子供が巨人ファンなの」「あ、これ言うと子供に怒られるかも」と頭をかいた。ほのぼのエピソードだ。

しかし、オリックスが日本一に輝いた時は「リーグ戦も日本シリーズも絶体絶命だった。アカンと思ったところから巻き返して優勝。本当に嬉しい」と満面の笑みをたたえた。松井氏も「来年僕はこの場にいないけれど、次の市長も連覇を望んでいるんじゃないの?」と連覇に期待を膨らませた。阪神タイガースの優勝時には、戎橋《えびすばし》(通称ひっかけばし)から道頓堀にダイブするファンが続出。警察が警備に出て恥ずかしいニュースとして全国に流れる。最近は、はちゃめちゃ映像も少なくなったが、関西人の野球好きは依然として健在。吉村氏も野球は好きなようだ。

036

「大阪を良くすることは日本の利益に直結する」

（ABEMA 変わる報道番組 #アベプラ【公式】 YouTube 2021年10月20日）

明治の世になり、東京が首都となり、日本の中心地になった。

しかし、歴史上長らく、経済も文化もその中心は関西にあり、中でも大阪はその中心だった。

先にも述べたように短い間のことではあったが大正後期から昭和初期にかけて、大阪が世界的な都市として飛躍した時代もあった。

しかし、1970年の大阪万博をピークに衰退の一途をたどってきたのも事実だ。

ちょっと東京都と大阪府を比較してみよう。

東京都の面積はおよそ2194平方キロメートル。47都道府県の中で44番目。人口は2021年12月現在で約1404万人。片や大阪府の人口は、約878・6万人（同2021年12月）。広さは1899平方キロメートルで、数年前は面積最小都道府県だったが、関西国際空港や大阪湾岸の埋め立てで1988年に香川県と入れ替わり最下位から2番目となった。人口密度はワースト1位が東京都、2位が大阪府となっている。

こうしたデータを見ただけでも東京と大阪はまるで兄弟のような規模感。吉村氏の大阪を良くしたい気持ちは痛いほど分かる。

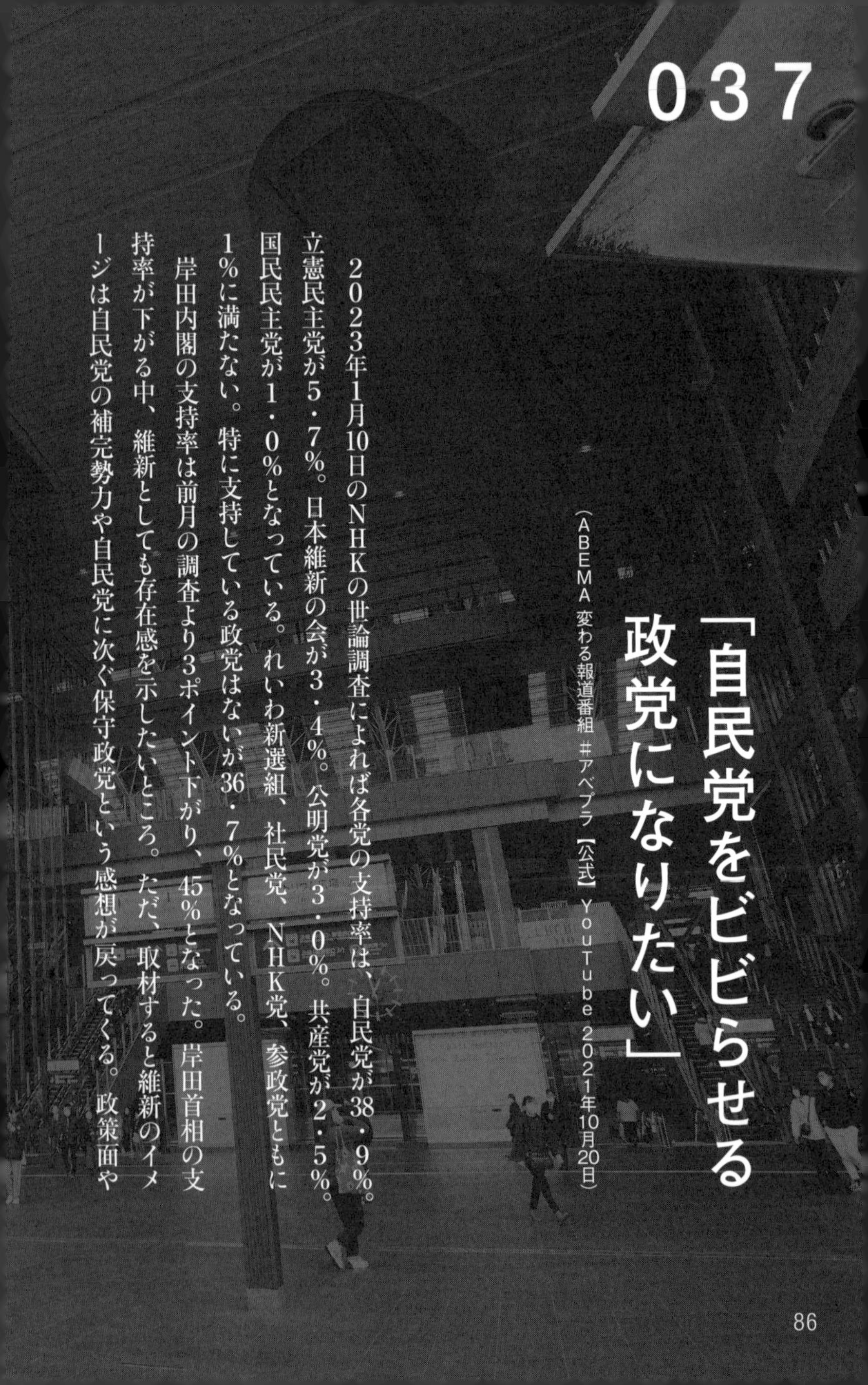

037

「自民党をビビらせる政党になりたい」

（ABEMA 変わる報道番組 #アベプラ【公式】YouTube 2021年10月20日）

2023年1月10日のNHKの世論調査によれば各党の支持率は、自民党が38・9%。立憲民主党が5・7%。日本維新の会が3・4%。公明党が3・0%。共産党が2・5%。国民民主党が1・0%となっている。れいわ新選組、社民党、NHK党、参政党ともに1%に満たない。特に支持している政党はないが36・7%となっている。

岸田内閣の支持率は前月の調査より3ポイント下がり、45%となった。岸田首相の支持率が下がる中、維新としても存在感を示したいところ。ただ、取材すると維新のイメージは自民党の補完勢力や自民党に次ぐ保守政党という感想が戻ってくる。政策面や主張で自民党とどう違うのか、その打ち出しが今後の課題だ。そして組織率の全国的な充実も選挙で勝つためには欠かせない。

各労組《ろうそ》や支援団体を政治基盤に持つ政党は強い。２０２２年7月10日投開票の参院選挙では、自民63議席、公明13議席、立憲17議席に次いで、日本維新の会は12議席を獲得した。

比例代表では維新が8議席を手に入れ、立憲の7議席を抜き、野党ではトップの議席となった。都道府県別に調べてみると立憲民主党の得票数を維新が上回ったのは、19都府県にのぼる。この数字は２０２１年の衆院選挙の2倍以上に増えている。明らかに全国的な知名度と支持を伸ばしているといえるのではないか。その要因の一つは吉村氏のコロナ対応や、テレビ出演、そして記者会見の力ではないかと僕は考える。コロナ以降、吉村氏、松井氏のテレビ露出は確実に増え、〝大阪の政党〟というイメージは橋下氏が代表を務めた頃より認知度を増している。

参院選挙で維新は候補を立てられなかった地域も多かった。良い立候補者を確保し、選挙を組織的にバックアップしていったなら、吉村氏が言う通り、自民党をビビらせる政党に成長できるチャンスがないわけではない。

038

「バナナのたたき売りだ」

（毎日新聞　2021年11月11日　大阪朝刊）

自民・公明が合意した18歳以下への10万円相当の給付について、地方自治体の首長から疑問の狼煙《のろし》が上がった。もちろん吉村氏も黙ってはいない。

これは、特別国会の首班指名目前の2021年11月10日に岸田首相と公明党山口那《な》津《つ》男《お》代表の会談が行われ、10万円給付で合意したもの。

元々、公明党は18歳以下の子供に「一律10万円給付」を衆院選の公約として戦った。しかし「なぜ子供しかもらえないのか」「所得制限がないなら、バラマキではないか」と、公明党案に世論の批判も集中した。

自民党案は児童手当支給の仕組みを使えば、9割の子供への支給が可能だった。そこで公明と自民は「もめている姿を国民に見せたくない」との思惑からスピード決着させたのだった。

しかし、経済対策としては、カンフル剤的で効果があいまい。その上、作業は自治体任せ。これに吉村氏は噛みついたのだった。

「政策の目的が不明瞭。年齢で区切る意味も分からない。これではバナナのたたき売りだ」。吉村氏の批判は、多くの地方自治体にも支持された。あまりに場当たり的な政策。

結局、住民税非課税世帯に対する臨時特別給付金として実施されることになった。

039

「ブーメランが刺さりました」

（読売新聞オンライン　2021年11月17日）

国会議員に支払われる文書通信交通滞在費を巡り、衆院議員に当選した議員に満額の100万円が支給された問題は先でも触れた。吉村知事はTwitterでもつぶやき、この問題を告発した日本維新の会の小野泰輔衆院議員を支援した。

小野議員は2021年秋の衆院選挙に初当選。投開票日は10月31日だった。そして11月10日、特別国会に合わせて初登院した。緊張しながら、議員会館の自分の部屋に入ると、机の上に分厚い封筒がある。

「あれ？　なんだろう」と開けてみると、封筒の中身は札束。在職わずか1日なのに支払われた、10月分の給与と文書通信交通滞在費だった。小野議員はすぐにサイトやTwitterに「おかしい」とつぶやいた。それを応援したのが吉村氏だった。

が、しかし……。吉村氏は2015年10月1日に衆院議員を辞職して大阪市長選挙に出馬した際、1日で1カ月分の文書通信交通滞在費を受け取っていたと気がつき、記者らの前で反省することとなった。

「当時、おかしいなと、僕がちゃんと対応できていればよかったのだが」と、素直に釈明した。自分の行動や言葉は、のちにブーメランのように自分に戻る。政治家は、常に自分の発する言葉や、過去の行動にも気をつけなければならない。それほど選挙で選ばれ、みんなの代表になるのは重いことなのである。

040

「何でも反対、とにかく批判、官僚のつるし上げ、スキャンダル追及から脱却してもらいたい」

(産経新聞　2021年11月19日)

2021年11月19日に立憲民主党の代表選挙が告示された。それに先立ち、10月31日に行われた第49回衆院総選挙の結果、立憲民主党は議席を109から96議席に減らした。枝野幸男代表は「私の力不足だった」と謝罪し、代表を辞職。新しい党の顔を決めることになった。

逢坂《おおさか》誠二衆院議員、小川淳也衆院議員、泉健太衆院議員、西村智奈美《ちなみ》衆院議員の4人が立候補。11月30日に投開票が行われ、泉健太氏が新代表に選出されたのだった。

僕は、西村氏以外の全ての立候補者を過去に取材している。力のある議員たち。ただ少し小粒という感想は否めなかった。

逢坂氏は北海道ニセコの町長を務めた、地方行政のエキスパートで改革の人。温かみがあり、とてもバランス感覚のある人物。小川淳也氏は香川県高松市生まれの東大法学部卒。自治省の官僚経験を持つがドブ板選挙を得意とし、若者や地元の商店街の人たちと車座集会を頻繁に行う、現場を知る政治家。

そして泉健太氏は北海道出身で京都にある立命館大学法学部卒。これをきっかけに京都との縁が生まれ、民主党の福山哲郎議員の秘書などを経験し当選した。どちらかというと立憲の中では、保守寄りの考えを持つ。熱血漢で演説も上手い。

結果、泉新体制になり、新たな立憲が生まれるのではと僕も期待した。しかし、今のところ枝野体制を引きずりつつ、野党共闘についてはまだ生煮え状態だ。

吉村氏は記者団から泉新代表と立憲の船出を問われ、「他党のことだからコメントは特にない」としながらも、「何でも反対、とにかく批判、スキャンダル追及からいい加減脱却してもらいたい」と話した。多くの国民が頷いたことだろう。僕も同感だ。

041

「巨額の財源、皆さんの税金を使うわけだから、納得感はいると思うが、その納得感が得られない」

（産経新聞　２０２１年11月29日）

この言葉は、18歳以下の子供に現金とクーポンで10万円を支給する政府の施策への、吉村氏による批判の声だ。

現金とクーポンに分ける案は、現金で一括給付する案と比較して、クーポンの印刷をしたり、個別に郵送配布したりといった二度手間を生み出す。

事務経費を試算すると、約900億円も高くなる。吉村氏は、それに対して批判の声をあげたのだった。

だいたいクーポンにする必要があるのか。僕も取材をしていて感じていた。

現金とクーポンの2回に分けて配布することによって景気刺激を分散でき、その効果が継続するとの説明もあった。また子育て関連商品に使えるクーポンとすることで、親が遊興費や食費に充ててしまうことを防げるというのだが、僕はその説明にも納得がいかなかった。

「考えなくてはいけないのは、どれだけ財源を使っているのかという感覚だ」。緊縮財政を余儀なくされてきた府知事ならではの言葉だと感じた。

042

「強い人がいるうちに次の強い人間を作らないと組織は強くならない」

（ＡＢＥＭＡ 変わる報道番組 #アベプラ【公式】YouTube 2021年12月5日）

橋下徹大阪市長が後継指名したのは、吉村洋文氏だった。同じ弁護士、同じラグビー部。気脈が通じたことは先につづった。

最初に吉村氏を橋下氏に引き合わせたのは、故・やしきたかじん氏だと言われている。本当はたかじん氏の顧問弁護士であり、彼の出演番組の制作を担当していた制作会社の幹部だったのではないだろうか。僕はこのあたりを詳しく聞いたことがない。

当時、関係者の誰一人、吉村氏の悪口をいうものはなかった。口を揃えるのは「吉村氏は真面目で、弁護士として最善の仕事ぶりだった」と。

メディアにいると「本当かしら？」とすぐに斜めに見てしまう。

辛坊治郎ニュースキャスターも「ネクタイのセンスはあまり良くなかった。あと服の

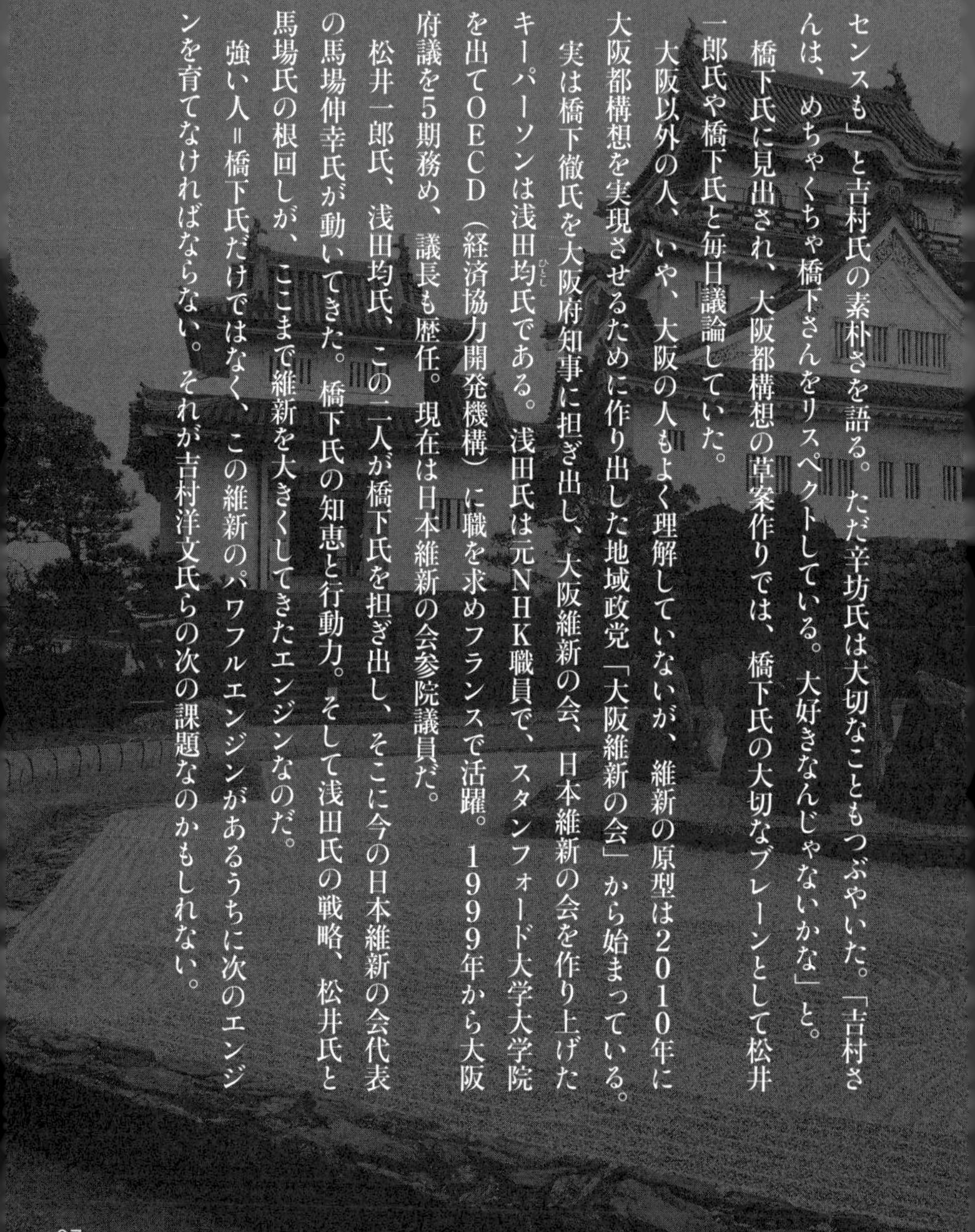

センスも」と吉村氏の素朴さを語る。ただ辛坊氏は大切なこともつぶやいた。「吉村さんは、めちゃくちゃ橋下さんをリスペクトしている。大好きなんじゃないかな」と。

橋下氏に見出され、大阪都構想の草案作りでは、橋下氏の大切なブレーンとして松井一郎氏や橋下氏と毎日議論していた。

大阪以外の人、いや、大阪の人もよく理解していないが、維新の原型は2010年に大阪都構想を実現させるために作り出した地域政党「大阪維新の会」から始まっている。

実は橋下徹氏を大阪府知事に担ぎ出し、大阪維新の会、日本維新の会を作り上げたキーパーソンは浅田均《ひとし》氏である。浅田氏は元NHK職員で、スタンフォード大学大学院を出てOECD（経済協力開発機構）に職を求めフランスで活躍。1999年から大阪府議を5期務め、議長も歴任。現在は日本維新の会参院議員だ。

松井一郎氏、浅田均氏、この二人が橋下氏を担ぎ出し、そこに今の日本維新の会代表の馬場伸幸氏が動いてきた。橋下氏の知恵と行動力。そして浅田氏の戦略、松井氏と馬場氏の根回しが、ここまで維新を大きくしてきたエンジンなのだ。

強い人＝橋下氏だけではなく、この維新のパワフルエンジンがあるうちに次のエンジンを育てなければならない。それが吉村洋文氏らの次の課題なのかもしれない。

043

「ポジションが
欲しいわけでもないし、
権力欲があるわけでもない。
次の世代に誇りを
持てるようなものにしたい
という思いでやっている」

（ＡＢＥＭＡ 変わる報道番組 ＃アベプラ【公式】 ＹｏｕＴｕｂｅ ２０２１年12月5日）

国会議員の言葉は重い。法律を作り、国を引っ張っていかなければならない。地方自治体の首長も同じだ。特に近年、国会議員よりも首長のリーダーシップが注目されるようになってきた。僕は小泉純一郎総理や石原慎太郎東京都知事、田中康夫長野県知事、舛添要一都知事（いずれも元）など、時代を動かした国会議員や首長の取材を数多く担当してきた。「マスコミは権力のチェック機関」という言葉は、大学のゼミ恩師の福岡政行《まさゆき》駒澤大学助教授（1985年当時）に教えられた言葉だ。

「権力欲」。僕が大学時代を過ごした1980年代の政治家は「権力」と「金権」にまみれていた。「数は力なり。数を集めるのは金」と言ったのは田中角栄元首相だ。連日、新聞の見出しには「金権」「汚職」「賄賂」といった言葉が躍っていた。派閥政治が日本を牛耳《ぎゅうじ》っていた。その後、政治改革やクリーン政治、派閥政治の解消が叫ばれ、統治機構も大きく変化してきた。まだまだ世襲政治や利益還元誘導政治、霞が関の官僚政治は、現代日本の成長要因に対して大ブレーキとなっている。そのガラスの天井の破壊と規制改革を行わなければ日本の未来はない。

吉村氏の言葉には「変化を生む」という信念を強く感じる。時には間違えることもある。しかし、何もしないよりは僕はマシだと考える。議論して、とことん議論して、答えを導き出して欲しい。この熱い言葉を持つ吉村氏の動きに着目していきたい。

044

「寝る前にお菓子を食べること。健康に悪いけれど、食べたくなりません？　僕はあまりお酒を飲まないので」

（スポーツ報知　2021年12月11日）

橋下徹元大阪府知事もテレビ出演が多かった。

元々、芸能事務所タイタンに所属。最初の府知事選挙もタイタンの秘書らが、汗をかきながら、慣れない選挙を手伝っていたのを覚えている。その後、橋下氏が政界を引退して弁護士活動に復帰して、テレビ出演や講演のマネジメントも、再び、タイタンが担当している。

橋下氏を「この弁護士はテレビでいける」と最初に見出したのはタイタンの代表取締役太田光代《みつよ》社長だった。お笑いコンビ爆笑問題の太田光《ひかり》氏の大人としても有名だ。

僕が読売テレビから出向する形で麹町《こうじ》の日本テレビ本社で草野仁さんが司会を務める『ＴＨＥワイド』の担当プロデューサーだった２００２年頃のこと。太田光代社長が、当時僕と一緒にプロデューサーをしていた日本テレビのプロデューサーのところに来て、ある弁護士の写真とプロフィールを見せ「とても瞬発力があって良いコメントができる弁護士」と説明していた。その後、何度か〝お試し〟で出演してもらった。

その茶髪の弁護士は、その後『行列のできる法律相談所』の人気弁護士へと成長していった。他でもない橋下徹氏だ。そんな橋下氏と僕と辛坊治郎氏、そしてテレビ局の仲間たちで辛坊氏所有のヨットを囲みヨットハーバーで飲んだことがある。

そこに来たのが、吉村氏だった。完全なるプライベート。

「ヨットに乗ると数秒で酔います」と弱気な吉村氏に「せっかく来たんだから、とりあえず辛坊さんのヨットの中を一目でいいから見学していってよ」と誘う橋下氏。渋々、桟橋から乗船する吉村氏。「すごくいいヨットですねー」と言うが早いか、キャビンから降りてきた。

「やっぱり船酔いしそうです。すみません」。本当にすまなそうな表情だった。冒頭の言葉からも、お酒に弱い吉村氏の一面をうかがい知ることができる。

「実は僕、お酒もあまり強くなくて。めっちゃすぐに酔うんです。安上がりでしょ」と笑顔を見せる。お酒を飲まないのは、どうやら本当らしい。よく話す。よく笑う。とても気さくな若者。それが吉村氏の僕の第一印象だった。

045

「次の世代にバトンタッチするようなことはやりたい」

（日本維新の会　YouTube　2022年5月13日）

「吉村さんが最初の市議会議員の演説の時の第一声が忘れられない。〝双子の吉村です〟って言った。あれ？　吉村さんって双子だったっけって思ったんです」とは、橋下氏の言葉。

維新の会のＹｏｕＴｕｂｅにも同じ内容のインタビューが残っているが、橋下氏とテレビの出演打ち合わせをしていて、楽屋でこの話を聞いた。

「吉村さん、相当緊張していたんですね。実は吉村さんの子供さんが双子っていう話だったんですよ」と。大爆笑した。

橋下氏も７人の子供さんの父だ。吉村氏も橋下氏も自分の子育てと教育体験をもとにした大阪の教育改革の提言を忘れない。

実体験から生まれた疑問点だからこそ、同じ子育て世代の共感を呼ぶ。また、指摘する問題点もリアルな目線のものが多い気が僕はする。

双子（二人とも女の子）と男の子、３人の父である吉村氏。家庭では、奥さんが主導権を握っているらしい。

子供の夢や将来を一番に考えるという子煩悩な吉村氏。彼の教育改革への熱い心は、子供たちへ、住み良い素晴らしい大阪のバトンを渡したいという気持ちが、めちゃめちゃ込もっていると感じるのは、僕だけだろうか。

「強い大阪を作りたい」

（日本維新の会　YouTube　2022年5月13日）

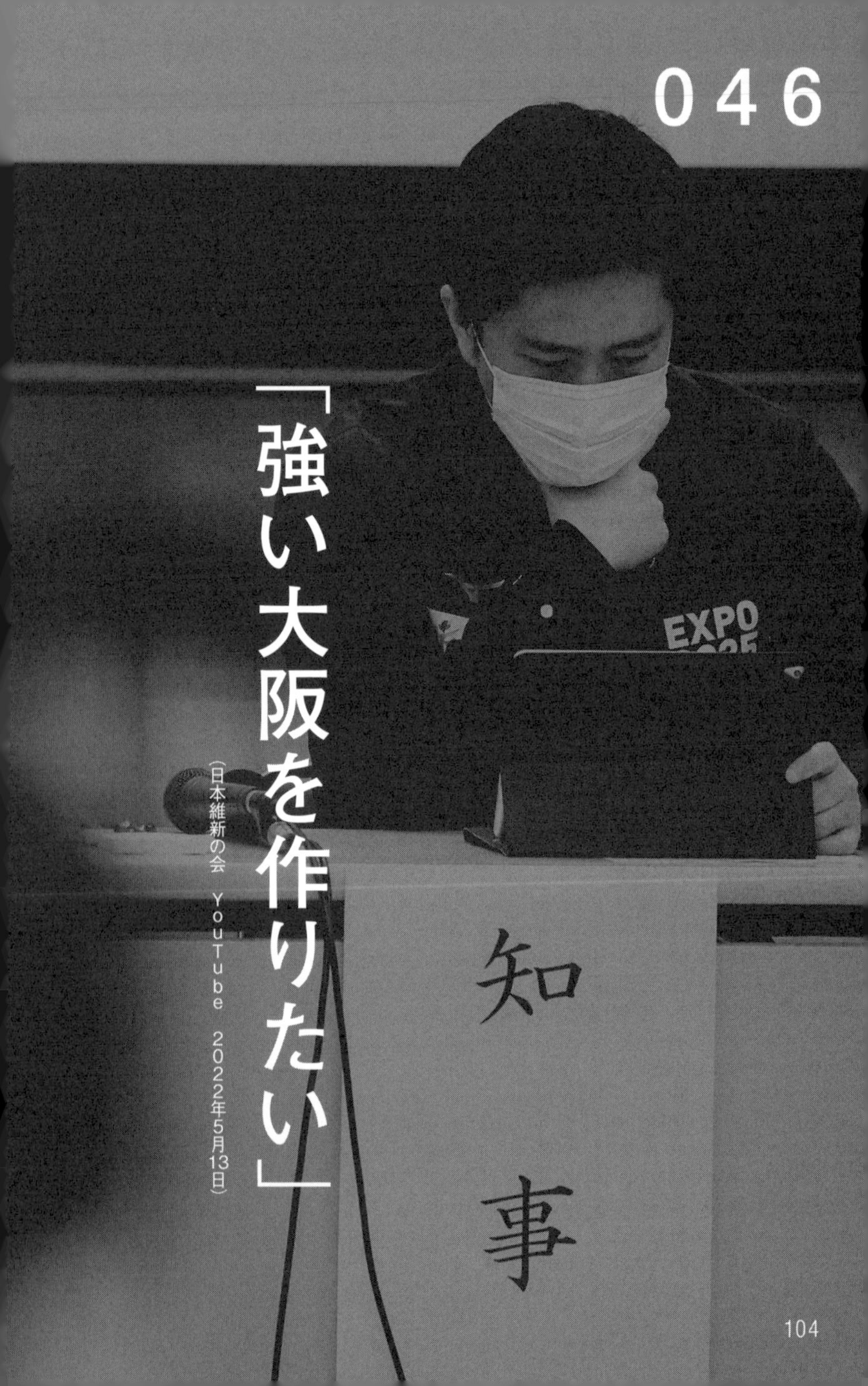

吉村氏と松井氏が、映画に出演していてビックリした。映画『天外者《てんがらもん》』は2020年12月に全国公開された。夭逝《ようせい》した三浦春馬氏の最後の主演映画。近代日本の経済の基礎と大阪を切り開いた人物・五代友厚の人生を描いた作品だ。

薩摩藩士だった五代は、派遣された長崎で勝海舟やグラバーと会う。薩英戦争で英国の捕虜になったり、上海で高杉晋作と会ったり、坂本龍馬、西郷隆盛とも知り合い、波乱の青春時代を駆け抜けた。若き日に、イギリス・ベルギー・プロシア・オランダ・フランスを視察後、1878年6月に大阪株式取引所を設立。現在の大阪取引所だ。同じ年の8月には、大阪商法会議所（現在の大阪商工会議所）を設立し、初代会頭についた。その後も大阪市立大学に連なる大阪商業講習所を創設したり、大阪商船（現・商船三井）を開業したりした。49歳で没するまで大阪経済の礎を築いた人物で、もう少し長生きしていれば、渋沢栄一と並び称される日本財界の巨人になっていたことだろう。

この五代友厚の評伝映画のクライマックスシーン。大阪の商人たちに一致団結し大阪経済の復興にあたるための会議所を設立しようと訴える場面で、商人の中に松井氏と吉村氏がカメオ出演している。ラストのロールスーパーにもしっかりと表記がある。

大阪の英雄、五代友厚。強い大阪を作りたいという願いは、吉村・松井氏と共通のものだ。

047

「人生は一回きりですから」

（日本維新の会　ＹｏｕＴｕｂｅ　２０２２年５月13日）

吉村洋文氏はよくこの言葉を口にする。そして大胆な行動に出る。決断や即決を行う。政治家の秘書経験があったり、世襲議員だったりするとこうは行かない。何もしがらみがない吉村氏だから、判断が早いのかもしれない。

建築家の安藤忠雄《ただお》氏が「おもろいことを〝おもろいなー〟とすぐに言えない人はアカン。東京人は、周りが笑っているか、興味持っているかどうか確認してから、笑ったり認めよる。それではいかんのや。自分の感性で、ちゃんと認めて笑わなあかんやろ。その点、橋下さんは、オモロいし、吉村さんも誠実なええ人と思うで」とこんな感想を話してくれた。

安藤氏は、二度にわたりガンが見つかり、胆嚢《たんのう》と脾臓《ひぞう》を全摘している。「僕は臓器が5つない。なかったら軽くていい。落ち込んでいられない。人生一度きりやからね」と吉村氏と同じ言葉を使う。2022年9月で81歳になられた安藤氏は「生涯。青いリンゴのように生きないかんと思う。楽しむってことは、面白いものを探さなあかんねん」と語った。

吉村氏と安藤氏の「人生は一回きり」という言葉の意味は、もしかしたらニュアンスが微妙に違うかもしれない。しかし、共通しているのは「失敗を恐れない」という覚悟だ。

048

「自分の選挙も落ちるかも分からないし、どうなるかも分からない、生活が大きく変わるかもしれない、でもやっぱり大阪を良くしたい」

（日本維新の会　YouTube　2022年5月13日）

選挙は大変である。昔は、「選挙に受かるには三つのバンが必要だ」とよく言われた。「地盤」「看板」「カバン」がそれだ。地盤は、応援してくれる組織や出身地。看板は、知名度や有名かどうか。そしてカバンは、お金。つまり資金力。

吉村洋文氏は、この選挙当選の王道を一つも満たしていない。大阪市内の出身ではなく、大阪府の外れ、河内長野市の出身。大学も九州大学。弁護士ではあったが、テレビに出ていたわけでもなく、政治家の父がいたわけでもない。会社員の家に育ったから、豊富な蓄えがあるとは思えない。

『末は博士か大臣か』。1963年にフランキー堺が主演したヒット映画だ。この頃、子供の才能を自慢する親が期待を込めて口にした言葉だ。ところが今ではどうだろう。政治家のイメージがあまり良くないから、この言葉も完全に死語だ。

「選挙に落ちたら、ただの人」というのは、議員の権力や地位を揶揄《やゆ》した言葉だ。昔と比べて、落選してもそれほどのイメージダウンにはならないような気もするが、それでもやはり本人や家族の経済や生活に大きな影響を与える。選挙で蓄えを使い、それまでの仕事もその後どうなるか分からない。確かに落選は、候補者にこたえる。それもあってのことだろう、立候補議員の数も減る傾向にあるという。地方議会の選挙では、無投票ということも増えてきた。こんな状態に対して、民主主義の危機だとの声も上がる。

僕はこれまで、たくさんの落選議員を見てきた。アナウンサーの先輩は、選挙事務所で落選の生中継をしようとして「出て行けー」と支援者から怒鳴られた上に、照明ライトのコードまで引きちぎられ、中継画面が真っ暗になってしまうという経験をしている。

大阪を良くしたい。その気持ちが強くなかったら選挙には出られない。選挙は甘いものじゃないのだ。当選は、もっともっと難しい。少なくとも大阪では、まだそうだ。

049

「身近なところで一軒一軒回っていく。非常にしんどい大変なことを選挙に強い人はやっているなと」

（日本維新の会　YouTube　2022年5月13日）

朝、駅前や交差点でマイクを握り「おはようございます。○○です。行ってらっしゃい。ご苦労様です」と声を枯らす立候補者を見たことが誰しもあるだろう。

〝辻立《つじた》ち〟と言われる候補者の挨拶や演説だ。誰も聞いていない。でも、実は聞いている人は聞いている。

取材してきた経験からいうと、無駄に見える辻立ちだが、毎日繰り返すと度胸がつき、演説が上手くなる。応援してくれる人たちも見ている。

そして挨拶回り。支援者の掘り起こし。会合や車座集会。選挙が公示される前から戦いは始まる。

僕が師事した駒澤大学の福岡政行助教授（当時）は「選挙は人の死なない戦争みたいなものだ。1票を獲得するために死に物狂いになったものが勝つ」と教えてくれた。

吉村氏も選挙を実際に戦い、その泥臭い戦いに驚いたのだろう。コツコツ積み上げていく力。訴えが票に結びつく。

民主主義とは、実は相当に手間のかかる政治システムなのだ。

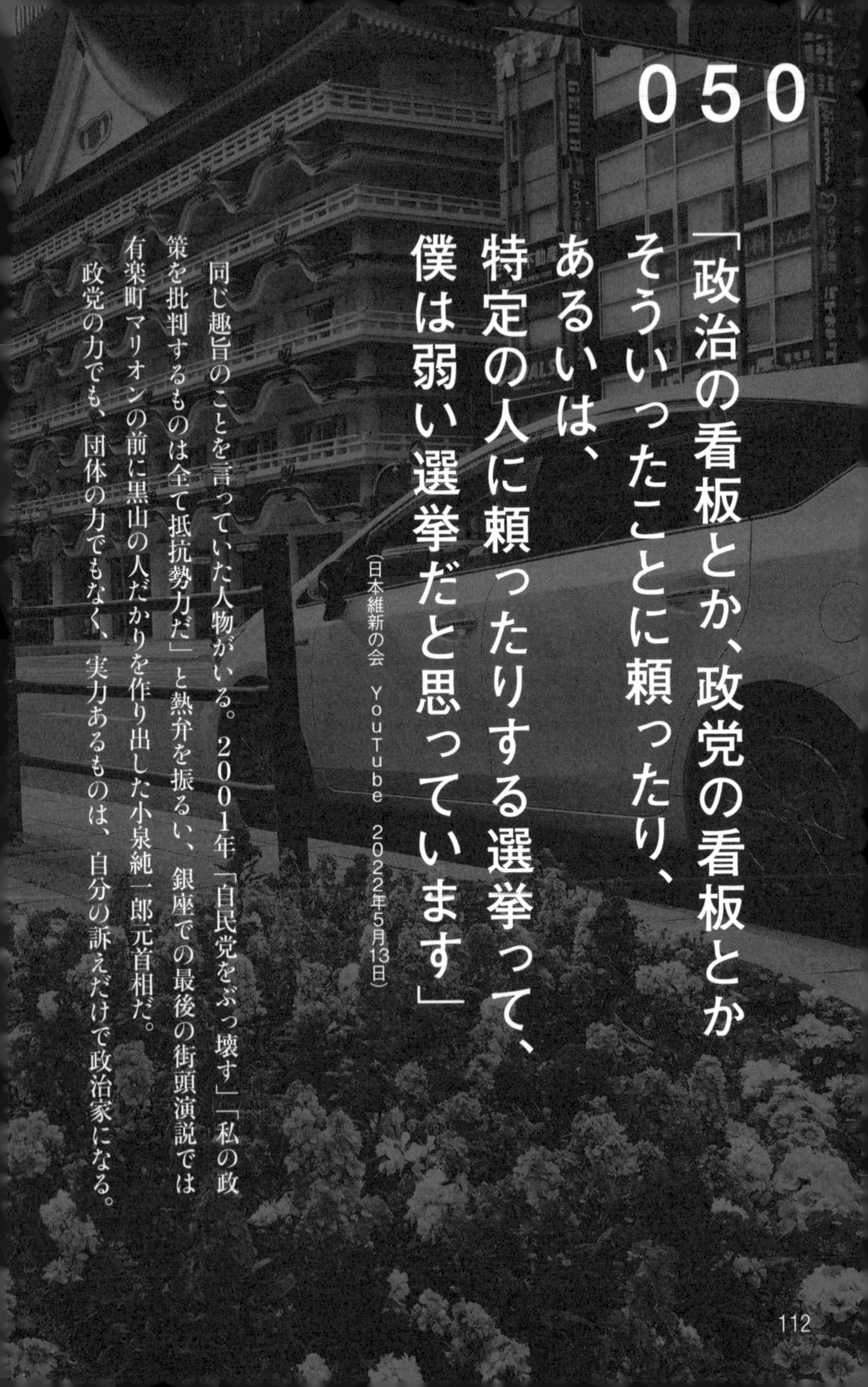

050

「政治の看板とか、政党の看板とか
そういったことに頼ったり、
あるいは、
特定の人に頼ったりする選挙って、
僕は弱い選挙だと思っています」

（日本維新の会　YouTube　2022年5月13日）

同じ趣旨のことを言っていた人物がいる。2001年「自民党をぶっ壊す」「私の政策を批判するものは全て抵抗勢力だ」と熱弁を振るい、銀座での最後の街頭演説では有楽町マリオンの前に黒山の人だかりを作り出した小泉純一郎元首相だ。
政党の力でも、団体の力でもなく、実力あるものは、自分の訴えだけで政治家になる。

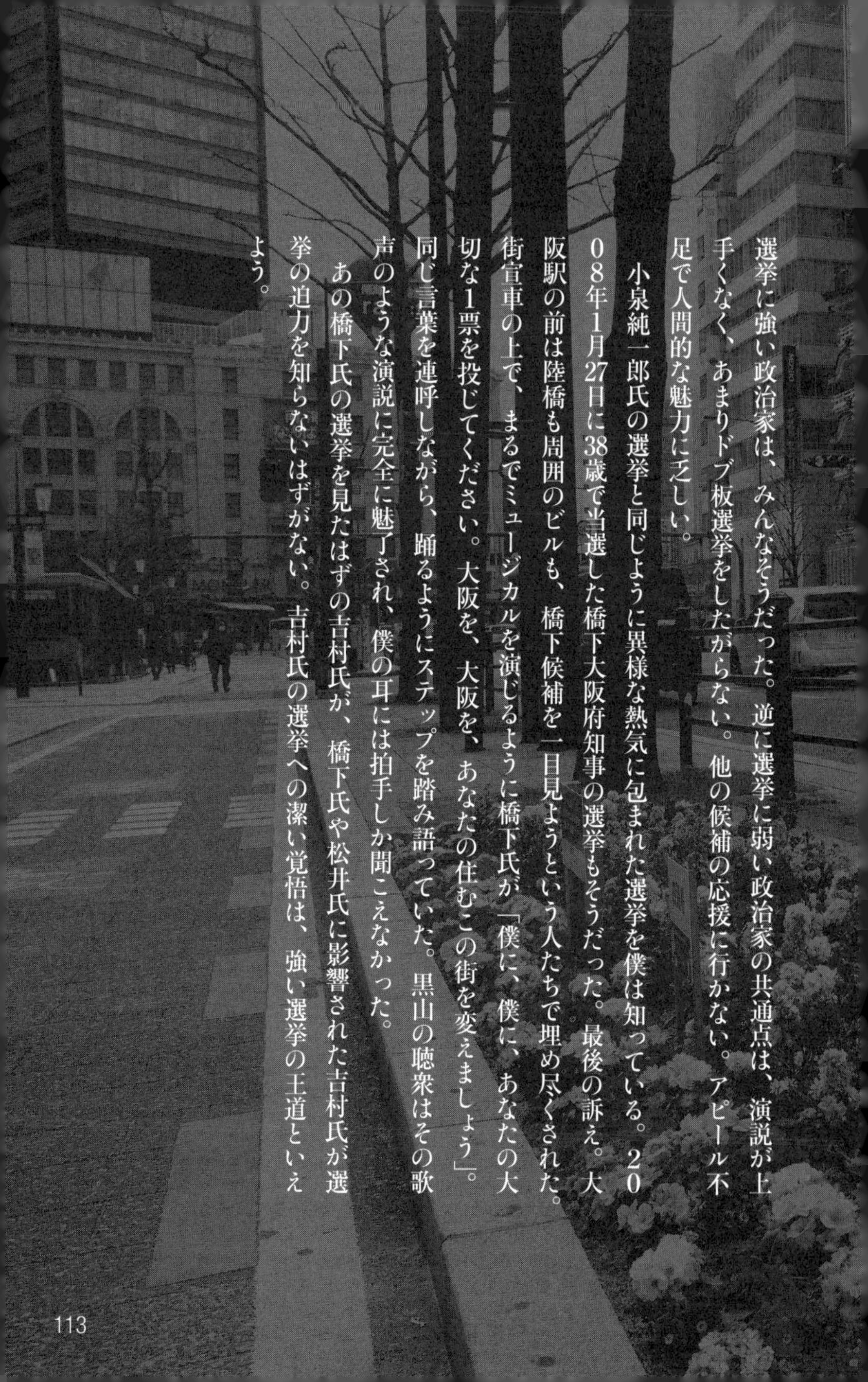

選挙に強い政治家は、みんなそうだった。逆に選挙に弱い政治家の共通点は、演説が上手くなく、あまりドブ板選挙をしたがらない。他の候補の応援に行かない。アピール不足で人間的な魅力に乏しい。

小泉純一郎氏の選挙と同じように異様な熱気に包まれた選挙を僕は知っている。2008年1月27日に38歳で当選した橋下大阪府知事の選挙もそうだった。最後の訴え。大阪駅の前は陸橋も周囲のビルも、橋下候補を一目見ようという人たちで埋め尽くされた。街宣車の上で、まるでミュージカルを演じるように橋下氏が「僕に、僕に、あなたの大切な1票を投じてください。大阪を、大阪を、あなたの住むこの街を変えましょう」。同じ言葉を連呼しながら、踊るようにステップを踏み語っていた。黒山の聴衆はその歌声のような演説に完全に魅了され、僕の耳には拍手しか聞こえなかった。

あの橋下氏の選挙を見たはずの吉村氏が、橋下氏や松井氏に影響された吉村氏が選挙の迫力を知らないはずがない。吉村氏の選挙への潔い覚悟は、強い選挙の王道といえよう。

051

「政治家っていうのは、みんなに好かれることはないので、全員に受けようと思うのは、やらないい方がいいと思っています」

（日本維新の会　YouTube　2022年5月13日）

番組によくご出演いただき親しくしていただいた、初代内閣安全保障室長で、日本に「危機管理」という言葉を紹介した佐々淳行《さっさあつゆき》氏は、「政治や政策というものは、万人受けするものは疑ってかかるべきです」とよく指摘した。また、晩年は、政治評論家として活躍された、池田勇人《はやと》首相の元秘書官伊藤昌哉《まさや》氏は、「どんなに素晴らしい法律や政策でも、一方で、かならず損をする人がいるものだ」とその二面性を指摘した。

吉村氏の言葉もこれを端的に表している。全員に受ける政治などない。民主主義の根幹は「多数決」である。少数意見に耳を傾けるなという意味では決してない。

最近、サイレントマジョリティー（声なき多数派）を無視し、ノイジーマイノリティー（声の大きい少数意見）に振り回されることが多い。クレームの声に耳を傾けすぎるあまり、大切な正義や大勢の声を黙殺してしまう。ＹｏｕＴｕｂｅやＳＮＳは、分かりやすい「批判の声」を拡散し増幅する。デマやフェイクニュースが、それに尾ひれをつけるからもっと始末が悪い。

ものごとを俯瞰《ふかん》する。複数の意見に耳を傾ける。ニュースのソース、記事を書いた人物や機関の署名を確認する。これがフェイクニュースに惑わされない唯一の方法だ。

耳触《みみざわ》りのいい政策や法律には、必ず落とし穴がある。それは詐欺商法の手口と同じだ。

052

「こどもたち、孫たちが頑張れる社会にしていきたい」

（読売テレビニュース　YouTube　2022年7月10日）

政治家がテレビ局のスタジオに来ると、虚勢を張ったりあらかじめ不利な質問をされないように尊大に振る舞ったりすることが少なくない。僕には、威厳を保つことで自己矛盾を攻撃されないように防護する「自信のなさ」に見える。特に様々なしがらみがあり、責任を取るべき立場の官僚や政治家にこの傾向は強い。事前に質問項目を求められることもあるが、生放送だと話の流れで質問が違う方向に向かうことはよくある。そこで「なんで違う質問をするのか」と憤慨する人や、中には「不愉快だ。帰る」と吐き捨てて局を後にする輩《やから》もいる。少なくとも国民や市民の1票で当選した議員なのだから、自分の行動や言葉に責任を持ち、説明するのがあるべき姿ではないのか。

「昔はそんなけしからん政治家もいたのか」と思われた読者の皆さん。実は昔の政治家の方が懐の深い方が多く、細かいことは気にしないという人がほとんどだった。時に放送で癇癪《かんしゃく》を起こしたとしても、事務所に謝罪に行くと、「そんなことで来なくていいのに」と、それをきっかけに密な交流が生まれたものだ。

むしろ、平成、令和の政治家の方が細かいし神経質な気がする。政治家本人ではなく、秘書や周りが気を回し忖度《そんたく》することもしばしば。

吉村洋文氏にはそれがない。

また必ず「次世代へのバトン」を口にする。自分の手柄より、これからの時代が良くなることを希求し、口を開く。これが実は政治家として当たり前のことなのだが、吉村氏が特別に見えてしまう。他の政治家の姿勢や見え方はいったいなんなのだろうか。

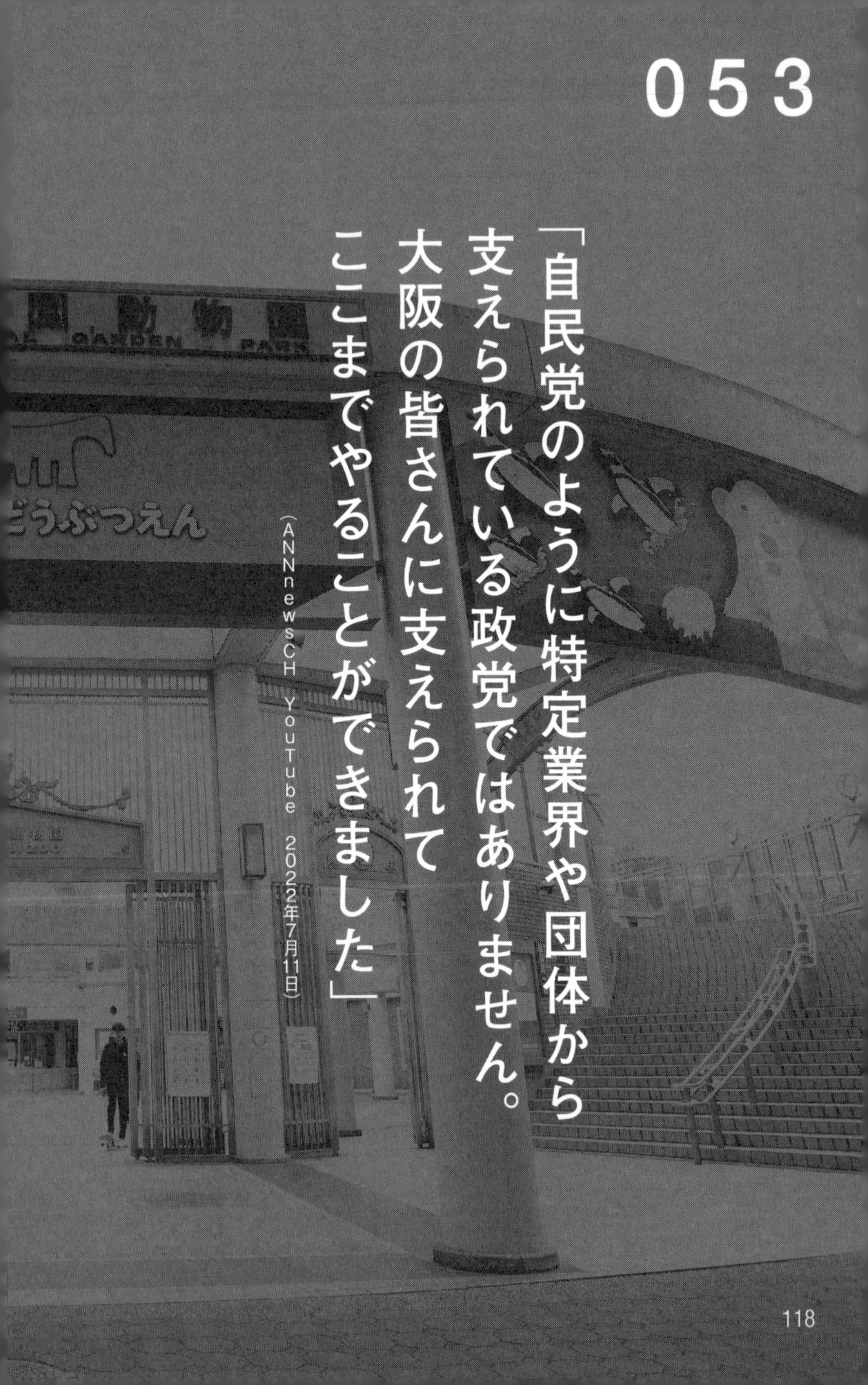

053

「自民党のように特定業界や団体から
支えられている政党ではありません。
大阪の皆さんに支えられて
ここまでやることができました」

（ANNnewsCH YouTube 2022年7月11日）

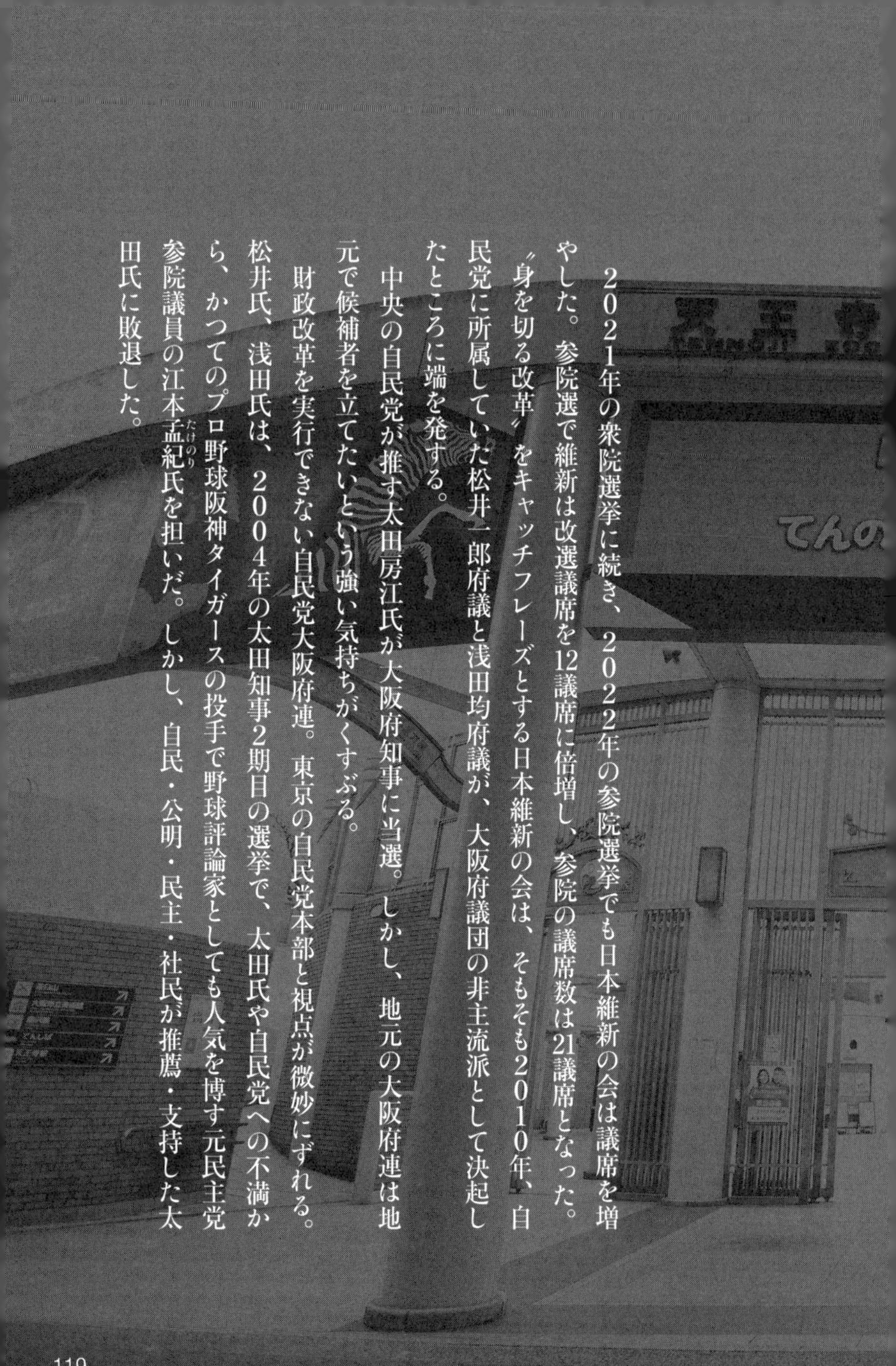

２０２１年の衆院選挙に続き、２０２２年の参院選挙でも日本維新の会は議席を増やした。参院選で維新は改選議席を12議席に倍増し、参院の議席数は21議席となった。

〝身を切る改革〟をキャッチフレーズとする日本維新の会は、そもそも２０１０年、自民党に所属していた松井一郎府議と浅田均府議が、大阪府議団の非主流派として決起したところに端を発する。

中央の自民党が推す太田房江氏が大阪府知事に当選。しかし、地元の大阪府連は地元で候補者を立てたいという強い気持ちがくすぶる。

財政改革を実行できない自民党大阪府連。東京の自民党本部と視点が微妙にずれる。松井氏、浅田氏は、２００４年の太田知事2期目の選挙で、太田氏や自民党への不満から、かつてのプロ野球阪神タイガースの投手で野球評論家としても人気を博す元民主党参院議員の江本孟紀《たけのり》氏を担いだ。しかし、自民・公明・民主・社民が推薦・支持した太田氏に敗退した。

次に仕掛けたのが橋下徹氏の擁立だった。

背景には、太田房江知事と大阪市長の磯村隆文《たかふみ》氏の対立があった。太田知事は後の都構想に近い、大阪府が大阪市を吸収する「大阪新都構想」を描いた。磯村市長はこれに対して、大阪府の影響力を薄めて大阪市の権限を強化する「スーパー指定都市構想」を打ち出した。

まったくもって水と油。こんなに食い違う首長どうしでは、まとまるものもまとまらない。

行政改革は遅々《ちち》として進まず、二重行政が続く。負債は雪だるま式にかさむ。リーダーが大阪に二人存在し文字通りの「府市が不仲のふしあわせ」状態。

大阪の自民党の中で「これではダメだ。改革しないと大阪は沈没する」と危機感を抱いたのが松井・浅田を中心とする若手自民党府議と市議たちだった。つまり大阪の自民党の中から反乱は始まったのだ。このあたりを東京の人や地方の方は知らない。

これこそが、なぜ日本維新の会が自民党寄りで、ある時は自民党よりも右寄りの政策を掲げ、ある時は自民党に反旗を翻すのか。そして大阪の今の自民党は、日本維新の会を目の敵にするのか——骨肉の争いが原点にあることを知れば理解できると思う。

東京一極集中が現在の日本の形。本来なら日本第二の経済圏の大阪・関西がもっと浮上すべきだったはず。自民党の東京と大阪の綱引きと、地元大阪でも自民党の内乱が続く不条理。これに怒り、2010年4月に立ち上がったのが橋下徹をトップとした地域政党「大阪維新の会」だったのだ。

全ての絵を描いたのは頭脳派の浅田均氏と親分肌府議の松井一郎氏だった。浅田氏と橋下氏、松井氏らは政策的な支柱「維新八策」をまとめた。

しかし、維新のアキレス腱は、後援会組織や組合の後押しが決定的に欠如していることである。公明党の創価学会、自民党の経済界や医師会などの各種業界団体、そして立憲民主党の連合などの労働組合……これらは、なんといっても基礎票としての団体票が望める。また選挙の時には、ポスター貼りや、演説動員、事務所応援といった人的な応援が期待できる。無党派層頼みの維新にはそれがない。都市型政党と言われる所以だ。

都市型政党は、過去には新自由クラブ、新党さきがけ、日本新党が、風を吹かせたこともあったが投票率が上がらないと、議席を確保できない。組織と支援団体を作り上げること。これこそ日本維新の会が全国政党に成長していけるかどうかの分水嶺《ぶんすいれい》なのだ。

054

「日米地位協定があると思うが、
国民の命を守る観点から
国にはしっかりやってもらいたい。
僕が現地の知事だったら
怒り狂うと思う」

（日刊スポーツ　2022年1月7日）

日米地位協定とは、1960年に新・日米安保条約第6条に基づいて日本に駐留する米軍との円滑な行動を確保するために、日本の米軍施設や区域の使用と米軍の地位を定めたものだ。

度々起こってきた、国内での米軍兵の暴行や犯罪、刑事事件において、米国の軍法会議で裁かれると規定されているため、日本の捜査機関や司法が扱えるのは、米国が身柄引き渡しを認めた時に限られてきた。

あるいは、米軍機の事故などで日本側に被害が出ても、日本に捜査権限の主体がなく事故原因究明が進まなかったりしてきた。

沖縄の基地問題と米軍の問題――今回の新型コロナウイルスの感染対策についても、沖縄の米軍基地内でコロナが発生し、その水際対策が不十分だったことが報じられた。

これに対して、吉村氏は、注意喚起と米軍の対応への疑問を込めて発言したのだった。

055

「東京の皆さん、今の自民党政権は強いが、ちょっとナメくさっていませんか」

（日刊スポーツ　2022年6月13日）

東京・銀座三越前での街頭演説。東京で関西弁を聞くと昔は違和感があった。しかし、明石家さんまさんや笑福亭鶴瓶さん、そして芸人ブームが日本を席巻《せっけん》し、今では関西弁は、東京弁の次に認知を得た。

2022年6月の参院選挙。ガラス張りの街宣車。日本維新の会の音喜多駿《おときたしゅん》参院議員がマイクを握り、吉村洋文知事を紹介した。「あ、吉村さんだ」。若い女の子が吉村氏にスマホを向ける。足を止める若い男女のカップル。新型コロナウイルスへの対応や記者会見で吉村氏の顔は一気に全国区になった。

吉村氏の第一声は、「みなさん、自民党は、ちょっとナメくさっていませんか」。東京のど真ん中にいきなりの関西弁で大丈夫かしらと思ったが、観衆は聞いている。「国民は負担ばかり押し付けられる。立憲と自民は持ちつ持たれつ。大阪では自民は維新にビビっているんですよ。みんなで自民党に一泡ふかせましょうやないですか」。そのあと新橋での演説でも同じ。東京でもみんな吉村氏の応援演説を聞いている。

「大阪の政党でしょ」と、橋下府知事が訴えていた頃との違いを僕は感じた。あの頃は、東京の人々は、維新を地域政党と見ていたし、橋下徹氏の個人政党的な見方をしていた。

ところが、この参院選では違った。東京の人たちも、明らかに自民とも立憲とも違う政党として維新を見ている。僕はそう強く感じたのだった。

056

「若い方が自宅で亡くなっては絶対にいけない」

（朝日新聞　2022年10月11日）

本書が発売される頃、吉村洋文氏は大阪府知事選挙の真っ最中だと思う。

2期目を目指して立候補表明を正式に行ったのは、2022年12月20日の大阪維新の会の全体会議。47歳の吉村氏は、維新の仲間や取材に詰めかけた記者たちの前で「次の大阪府知事選に出馬したい。二重行政を昔に戻さない。大阪市長とタッグで大阪の成長を目指します」と力強く決意を語った。

吉村氏は、2015年大阪市長選に初当選。2019年には、松井一郎大阪市長と入れ替わる形で市長を辞職し、府知事に当選。吉村知事の府知事1期目は、新型コロナウイルスの対応に追われた任期だったといっても過言ではない。

2020年、コロナ禍の中で行われた、大阪都構想の住民投票は否決。この否決判断を受けて、松井一郎氏は次の大阪市長選へ出ないことを表明し、引退を口にしている。吉村氏も都構想再チャレンジは「もうしない」と言明した。

一部のメディアは「吉村知事再選で3回目の都構想チャレンジか」と書いたが、僕は「本当にやるのかしら」とその見方には、懐疑的だ。もし住民投票を行うとしたら、機構や制度の違いを相当打ち出すことと、住民への説得が必要になると考える。

それよりも、2025年の大阪・関西万博開催の絶対的な成功への取り組みと、コロナで減速した大阪経済の復活、そしてまだまだ道半ばの行政改革を断固進めるべきではないかと考える。

政策の評価や無駄の点検、財政健全化への指針の再点検、そして大阪経済が元気を取り戻す政策と社会福祉の充実が挙げられる。

確かに、大阪城公園の周辺にあったブルーテントやホームレスの集団は消えた。大阪市の犯罪発生率も下がり、〝片道切符〟と揶揄された、労働者の貧困や、西成《にしなり》区の生活保護給付の対象者も改善してきている。

しかし、まだまだ解決しなければならない大阪の〝影〟があることも事実だ。

吉村氏自身が大阪府知事の2期目に何を標榜《ひょうぼう》するのか。そして大阪市長の立候補者が何をどうしたいと市民に訴えるのか？

維新に対抗する候補者たちは、維新や吉村氏らをどう批判し、どういった政策を掲げてくるのか。大阪府民として僕たちはしっかりと見つめ、メディアはしっかりと伝えなければいけない。また、選挙でしっかりと選択しなければならない。

その時、維新ありきで考えてはならない。いかにリアリティーある政治を行えるか。リーダーとしての気質も含めて見極めなければならない。

選挙は単なる人気取りであってはならない。

吉村氏の新型コロナウイルスへの対応は、メディア発信を逃げずに行った。失敗もあったが、お役所言葉を避け、市民が理解しやすい分かりやすい言葉を用いた。丁寧に、自らの言葉で伝え続けた。

この「若い方が自宅で亡くなっては絶対にいけない」という発言には、吉村氏の気持ちが込もっている。

未曾有のパンデミックを乗り切った知事。全ての行動や手腕が最良だったとは思わないが、少なくとも不安を払拭し、しっかり発信を続けたことは評価したい。

2期目を目指し、吉村氏が何を訴えるのか。選挙に注目したい。

057

「見積もり自体に
問題があった。
甘い部分があった」

（読売新聞オンライン　2022年11月22日）

2025年の大阪・関西万博の開催まであと2年。ロシアのウクライナ侵攻や急激な円安、COVID-19の世界的流行と物流拠点のロックダウンによるコンテナの流通の混乱を背景とした物価高は深刻さを増す。建築資材の高騰が続き、原油や天然ガスの値上がり、〝産業のコメ〟と呼ばれる半導体も不足。モノに加えて人件費も高騰する。世界に比べてコロナからの回復が遅れ、資源調達の競争力が弱いのも痛い。

コロナ禍の中で行われた、東京オリンピックの経済的な不振やインバウンドの停止もあり、「大阪万博は、ちゃんとやれるのか？　大丈夫なんか？」という心配の声を増幅させる一因となっている。大手ゼネコンや出展企業は世界に技術を発表できるショーウインドーと捉え「工事の受注やパビリオンの建設は名誉なこと」と語る一方で、「止まらない資材高騰は深刻だ。この予算では建てられない。利益度外視はできない」と現実を見据えて、不安の声も上がる。

実は高度なデザイン性や暑さ対策などで、すでに万博を運営する日本国際博覧会協会は、当初想定よりも600億円ほど建設予算を追加している。そうして決まった1850億円を上限とした建設費は、国と大阪府・大阪市・経済界が応分に負担する。

例えば、大阪府と市などの「大阪ヘルスケアパビリオン」については、元々は74億円での建設を計画したが、一時は195億円まで建設費の見込み値が高騰してしまった。

すると吉村氏は「適切なコスト管理をして欲しい」と注文。屋根のデザインを大幅に変更するなどして、なんとか99億円にまで圧縮する見通しとなったが、予断を許さない。

様々な外的要因がある以上、人件費や資材の高騰は仕方がない。1970年の大阪万博も建設予定を消化できずギリギリまで建設や出展調整が続いた。2005年の愛知万博も環境保全などから会場の再調整やデザイン変更などがあり、やはりギリギリでの開催となった。

今回も不安が漏れる中ではあるが、知恵を絞って「夢」とコストカットを調整し、未来社会を想像させる万博を作り出して欲しい。関西経済連合会の松本正義会長は「シャビー（みすぼらしい）万博にしてはいけない」と話す。関西と日本の経済をしっかり伸ばし、世界の子供たちに未来へのバトンを渡す万博にしなければならない。

大阪駅
OSAKA STATION

058

「大阪に25万人いる在日外国人で、4割の10万人は韓国・朝鮮人。コリアタウンもあり、韓国との交流は大切にしていきたい」

（大阪日日新聞　2022年10月3日）

2022年9月29日、韓国の尹徳敏《ユンドクミン》駐日大使が、吉村知事を表敬訪問した。7月に日本に着任した尹大使は、1970年の大阪万博を訪れた経験があり、大変発展しているイメージを抱いたそうだ。当時小学5年生だったという。韓国は2030年に釜山《プサン》での万博開催を目指していて、吉村知事に支援を要請したい狙いもあった。

吉村知事の言葉には、韓国と大阪の長い友好関係を示す状況が表されている。大阪市には日本最大級のコリアタウン・鶴橋《つるはし》がある。

ＪＲ環状線・近鉄の鶴橋駅周辺はまさに韓国そのもの。駅を降りると焼肉のいい匂いが漂い食欲をそそる。商店街には、キムチなど韓国食材や、直輸入の雑貨や化粧品、韓国料理店が立ち並ぶ。オモニが元気に声をかけてくれる屋台料理店のトッポギ、チヂミに買い物客や観光客も大満足だ。韓流カフェなども本場さながらの雰囲気。僕も大好きなので、よく食事や買い物に行く。

コロナ禍で営業も苦しかったが、収束状況に観光客の客足も戻ってきた。

「元気だった？」「なんとかやっていたんよ」「よかったわー」と常連客とオモニの会話に自然と笑顔になる。吉村氏は韓国料理も好きで、鶴橋や生野にも足を運ぶらしい。維新の若手議員から聞いた話だ。

ここだけの話だが、松井一郎氏は刺身や魚料理は苦手なようだが、吉村氏はあまり食の好き嫌いはない。橋下氏も同じ。

とにかく、両国間の様々な問題も対話と議論で乗り越えて欲しい。言うべき時にはちゃんと言う。しかし、友好は友好という吉村氏のスタンスには共感を覚える。

「中国への援助と大阪府の防護服は関係ない」

（吉村洋文　Twitter　2020年4月18日）

2020年2月21日、大阪府は感染拡大が深刻化した中国の上海市と江蘇《こうそ》省に5000着の防護服（防護服・キャップ・グローブ・ゴーグルなど一式）を援助した。大阪市と友好関係にある同市などへの緊急援助だった。しかし、その後大阪府や大阪市でも感染が拡大し、医療物資が不足する事態に見舞われたのだった。

これに自民党国会議員が噛み付いた。4月17日には「中国に防護服を送り、大阪の医療従事者には雨ガッパ……そうなる前にマスク等も含め、なぜ補充・備蓄してこなかったか」と疑問を投げかけた。また別の自民党議員も「医療用の防護服がないとの報道ですが、大阪府には備蓄があるのでは」と皮肉った。

吉村氏はすかさず反論。「大阪の需要でいえば、医療用マスクと防護服の必要枚数は月30万枚。合計60万枚。大阪が中国に援助送付した防護服枚数は合計1万枚。大阪が中国から援助送付を受けた医療用マスクは合計7万枚。むしろ増えている。送付と医療資源不足は因果関係なし」と書いた。

新型コロナウイルスにおける、根拠のない批判や混乱、SNS発信のフェイクニュースによる混乱については枚挙にいとまがない。論拠をしっかり見極め、発信をしていくことは大切なことだ。

吉村氏の危機管理対応が的確だったことをこの言葉もしっかりと表している。

060

「遺憾であるとか
最大限の（厳しい）言葉で
非難するのもいいですが、
日本の国防のあり方を
考え直す時期にきている」

（テレビ大阪ニュース　YouTube　2022年10月4日）

大阪市長を務めていた2017年4月20日、吉村氏は「北朝鮮の核実験や弾道ミサイル発射、米軍による朝鮮攻撃があった際には、北朝鮮危機事態対策本部を設置する」と、Jアラート（全国瞬時警報システム）の発動を待たずに、独自の判断で対策本部を立ち上げることを異例の形で明言。「日本全体で危機意識がなさすぎだ。基礎自治体では国防の議論はできないが、できることをしたい」と語った。

そして2022年10月4日。北朝鮮のミサイル発射を受けてJアラートが発動。吉村氏は大阪府知事の立場で記者団を前に再び吠えた。

「遺憾であるとか、最大限の言葉で非難するのもいいですが、日本の国防のあり方を真剣に考えなければならない時期にきていると思う」。遺憾と言い続けても北の暴挙は止まらない。むしろ傍若無人ぶりは、エスカレートしてきた。吉村氏の怒りは、そのことへの無念と備えを考えねばならないということに尽きる。

防衛政策的には、日本維新の会や吉村氏たちの考えは、自民党保守派に近い。安倍元首相や菅前首相に気脈が通じたことも関係する。しかし、リアルな危機が迫る中、防衛をタブーにしないで、逃げないで議論することが大切だ。たとえ意見が異なろうが、議論を恐れずテーブルにつくことが民主主義を守ることであり、北朝鮮へ対抗する盾を手に入れることになると僕は考える。

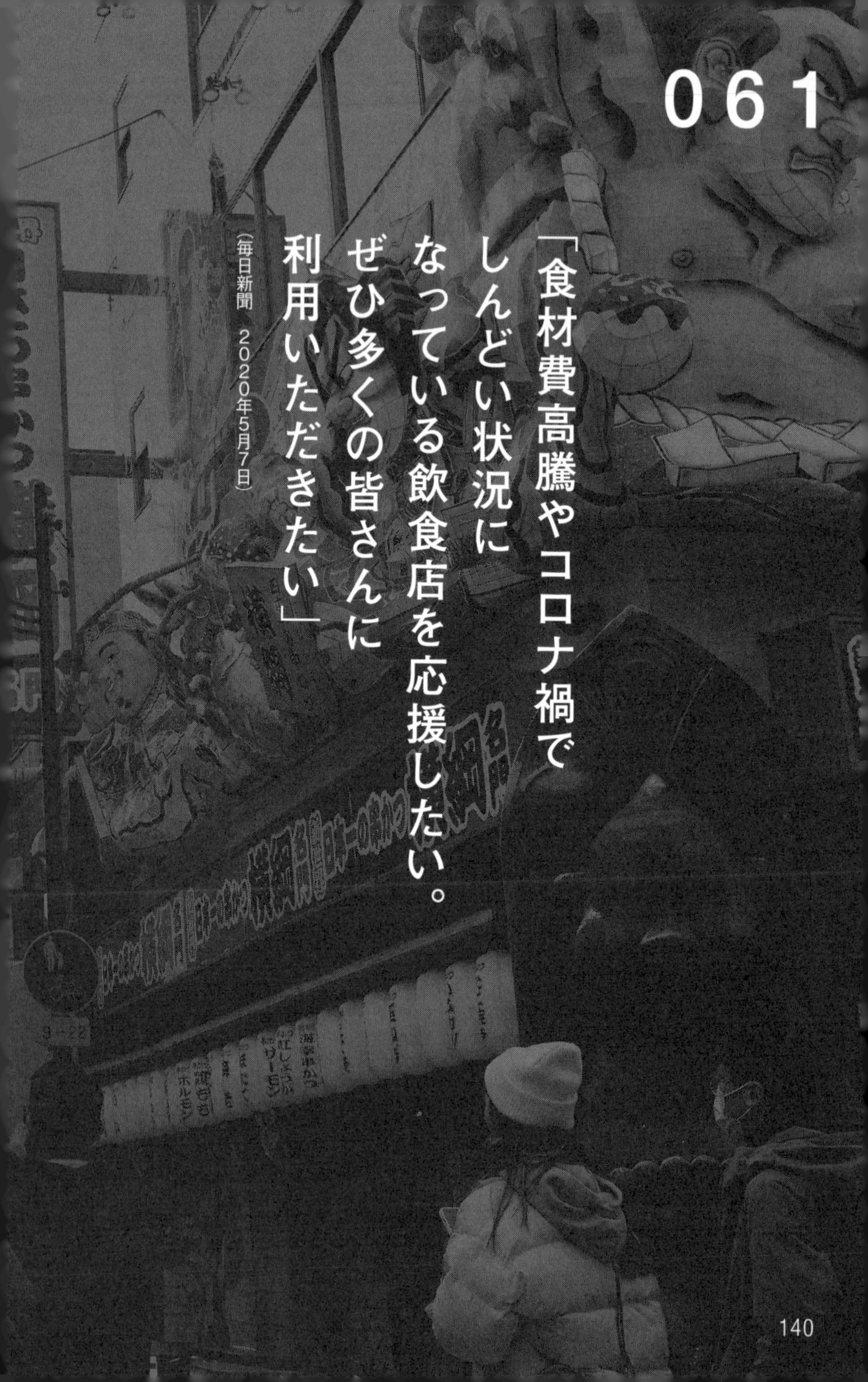

061

「食材費高騰やコロナ禍で
しんどい状況に
なっている飲食店を応援したい。
ぜひ多くの皆さんに
利用いただきたい」

（毎日新聞　2020年5月7日）

吉村洋文府知事と小池百合子都知事は、コロナ対策や会見でよく比較されたと綴った。吉村知事が記者会見やテレビ出演で、分かりやすい言葉を使いフリップなどを使用して説明したのに対して、小池氏はカタカナ言葉の多用が話題になることもあったが、記者会見を通じて、キャッチフレーズを用いて都民に直接訴える方式に重点を置いた。

毎日新聞と社会調査研究所が２０２０年5月6日に実施した全国世論調査（携帯電話調査・５７５人中４０１人が回答）では、「最も評価している政治家」として吉村知事の名前を挙げた人は１８８人でトップ。２位に挙がった小池知事の59人を大きく引き離した。安倍首相（当時）は34人で第3位。４位は北海道の鈴木直道知事の26人だった。

この結果には、政府の遅い対応への批判や、休業要請や大阪モデルなど大阪独自の取り組みや情報発信への好感、また、小池氏の会見のインパクトなどが表れている。特にこの頃の新たな傾向として、政府や大臣の会見よりも、独自の方針や対策を分かりやすく県民に説明する知事や市長に注目が集まった。

この動きはコロナ禍で顕著になったと多くのメディアが分析する。しかし、実は２０１１年の東日本大震災でも顕著だった。被災地の首長が独自の救援策を打ち出したり、対応の遅い国に代わってＳＮＳなどを駆使して、避難や物資支給の情報発信をしたりした。新たな発信ツールとしてＳＮＳが力を持ち始め、また政治家が自らの言葉で住民に語り始めたのだ。

今回のコロナ対応がこれを一気に加速させたと僕は感じる。ただテレビ・新聞といった「マス」に代わる新たな情報伝達ツールであるSNSは、一方的な発信になりがちで、真偽不明な情報が含まれやすいという脆弱性《ぜいじゃくせい》も露呈した。吉村氏や小池氏の会見やSNSによる情報発信も、よく精査してみると拙速《せっそく》であったり、雰囲気で語っていたりするものも含まれる。見出し的な物言いは、分かりやすい反面、中身の詳細な説明が足りず、誤解を生じやすい。二律背反を生み出す危険があるということだ。

なんでも分かりやすければいいというものではない。論理的に筋が通っていて、的確に対処しなければいけないものもある。リスクとベネフィット（効果）の双方を深く考察し、勘案しなければならない事案もある。

ワクチン接種の是非もそうだったと思う。そして全てにおいて「これが必ず正しい」という絶対的な評価は存在しない。分かりやすい会見にもリスクがあるということを忘れてはならない。

ただ僕が一つだけ強調したいのは、「国民や市民と向き合い、自らの言葉で本音を発信する勇気を忘れてはならない」ということだ。劇場型政治への批判は理解しているが、政治家は〝危機〟に際して、自らの真情や思いを本音で訴え、吐露することも大切なことだと感じる。それこそが、リーダーとしての政治家の正しい覚悟といえよう。

吉村氏は、2022年10月7日、コロナ感染防止対策を講じた飲食店への応援と、物価高の影響を受けた大阪府民への支援として、プレミアム率30%の特別食事券の販売を開始した。これは、1セット（1万円分）購入すれば、1万3000円分の食事ができる仕組みで、第三者認証「ゴールドステッカー」を貼っている対策済みの飲食店で使用できる。購入は、一人1回2セットまでとされたが、11月まで3期に分けて、合計18万セットが販売され好評を博した。東京都や全国各地の自治体が同様の取り組みを行っている。良いと思うアイデアはどんどん真似れば良い。

「知事や政治家は、優秀な広告塔にならなければいけない」。これは「砂場はあるけどスタバはない」と記者会見で発言し、全国的に有名になった鳥取県知事の平井伸治氏の言葉だ。いつもダジャレを駆使し、発言がバズり全国ニュースに取り上げられる。広告費の予算が少ない鳥取県は、観光PRや県の宣伝でいつも平井知事の発言に助けられている。広告費に換算したら大変な価値だ。

吉村知事も同じ効果を狙っているところがあると見る。

062

「政治家に近い人にだけ利益がいくような昭和型の政治はやめましょう」

（吉村洋文　Twitter　2022年3月26日）

僕は、大阪のテレビ局・読売テレビにアナウンサーとして入社した。その後1995年の阪神・淡路大震災の中継と取材をきっかけに、日本テレビにディレクターとして出向。オウム真理教の取材を皮切りに、事件や事故取材、そして政治取材を行うようになった。

いつでも「利益還元誘導政治」という言葉が新聞に躍っていた。僕がディレクターになる前の1989年、ふるさと創生1億円や消費税増税を断行した当時の竹下登《のぼる》首相がリクルート事件の疑惑を追及され総理の座を追われた。宇野宗佑《そうすけ》内閣がわずか69日の短命で終わったのは女性スキャンダルが原因だったが、その後も〝金権〟がうごめく政治が続く。海部《かいふ》俊樹《としき》内閣は第76代、77代と続いたが、政治改革関連法案を巡って自民党内に「海部おろし」なる倒閣運動が激化、1991年ついに辞任に追い込まれた。この騒動の裏には、竹下登氏が派閥を使って海部首相に陰で圧力をかけて、権力を握り続けたことへの反発があった。総理の座は宮澤喜一《きいち》氏へと移り、その後は保守分裂、55年体制の崩壊、政権交代、連立内閣の時代へと移っていった。

僕は竹下政権以降、国会やその周囲を取材した。その中で、インタビューをしたり、二人だけで直接話を聞いたりした時間が長いのは、2001年4月に就任した小泉純一郎氏だったと思う。どの政治家も「利権」や「選挙の恩返し」という言葉がついて回った気がする。取材時も「コネクション」「立場」「縁」がなければなかなか重要な取材には入り込めない。その点小泉氏は「カネと利権」には無縁の政治家だった印象がある。

今はどうだろう。政治家は小粒になったが、その代わり清潔さと政治倫理はマシになったと感じる。もちろん自民党も立憲民主党も2代目、3代目の政治家が多く、「利権」が全てなくなったかというと疑問符はつく。しかし、吉村氏のようにしがらみのない、まっとうな感覚を持つ政治家も増えている。吉村氏ら21世紀型リーダーの新しい政治姿勢や手腕に期待したい。

063

「非コロナ病院だから コロナに関わらないのは やめにしないといけない」

（毎日新聞　2022年4月28日）

2022年4月吉村氏は、新型コロナウイルス患者を受け入れていないコロナ非対応病院に対して、コロナの初期治療を行うように対策を指示した。

ちょうどこの頃、大阪をコロナ第6波が襲い感染者が増えていた。特に顕著だったのが病院で発生したクラスターの増加だった。コロナ非対応病院はコロナ患者を受け入れず、受け入れている別の病院へのたらい回しが問題化した。これによってますます病床は逼迫。

病床に余裕のある病院も看護師や医師、その家族の感染により深刻な働き手不足を招いた。

コロナ患者を受け入れていないにもかかわらず、コロナ非対応病院でもクラスターは発生した。感染対策が不十分だったケースも散見されるが、オミクロン株に変異してから急激に感染しやすくなったのもある。

特に問題となったのが、高齢者施設だ。高齢者は元々体力が落ちていて、感染をきっかけとして容体が悪化し、深刻な状態に陥るケースも多かった。入院など積極的な治療も行えず、誤嚥《ごえん》性肺炎や老衰、心不全といった死因で看取りになるケースも増えてしまった。医師不足から、死因特定の解剖や検死を行うことも難しい時期もあった。

命をつなぐということは本当に大切なことだ。新規陽性者を減らしても、ガンや死に至る病も多く、治療は複眼的でなければならない。

それまでは病床数は世界一と喧伝されたが、感染症に対応する医療機関と病床が極端に少なかったことなど、今回のコロナ禍で日本の医療提供の様々な盲点があぶり出された。「病床逼迫」については今でも謎が残る。数字の上ではコロナ患者に対応可能な日本の病床は約90万床あることになっている。しかし、第5波のピーク時には、コロナ患者の入院用には4・2%の病床しか提供されず、重症者用には全国の病床の0・6%しか提供されなかったという。

つまり、たくさんのベッドがあっても新型コロナという新たな感染症には対応できなかったということだ。これではベッドがなかったのと同じではないか。ベッドを動かし治療をするためには、薬の供給や医師、看護師が必要なことは言うまでもないはずだが、実際には機能しなかった。日本のベッド数は幻の数字だったのだ。

政府や行政が躍起《やっき》になって補助金を入れて病床を確保したはずが、患者を受け入れないで補助金だけで水ぶくれした幽霊病床も存在した。このあたりは、もう一度日本のメディアや報道がコロナ騒動をしっかりと総括するべきだ。そうでなければ、多くの感染者や犠牲者の悲しみと家族の辛さ、奮闘した医師・看護師・エッセンシャルワーカー・行政マン・住民たちの努力が水の泡となってしまう。

水際対策の脆《もろ》さも合わせて指摘しておく。あの横浜のダイヤモンド・プリンセス号の初動対応と、蔓延の危機が叫ばれた当初の外国人や旅行者への水際対策の不手際を見過ごすことはできない。

2021年1月の第3波では、東京も大阪も病床使用率は8割近くまで埋まった。春の第4波でも大阪の重症病床使用率は9割に達し赤ランプがともりっぱなしだった。夏場の第5波では、医療難民と呼ばれた人たちは全国で3万人にものぼり、自宅療養者

郵便はがき

お手数ですが
切手を
お貼りください

150-8482

東京都渋谷区恵比寿4-4-9
えびす大黑ビル
ワニブックス書籍編集部

お買い求めいただいた本のタイトル

本書をお買い上げいただきまして、誠にありがとうございます。
本アンケートにお答えいただけたら幸いです。
ご返信いただいた方の中から、
抽選で毎月5名様に図書カード(500円分)をプレゼントします。

ご住所　〒 TEL(　　-　　-　　)	
お名前《ふりがな》	年齢 歳
ご職業	性別 男・女・無回答
いただいたご感想を、新聞広告などに匿名で使用してもよろしいですか?　(はい・いいえ)	

※ご記入いただいた「個人情報」は、許可なく他の目的で使用することはありません。
※いただいたご感想は、一部内容を改変させていただく可能性があります。

●この本をどこでお知りになりましたか?(複数回答可)

1.書店で実物を見て　　2.知人にすすめられて
3.SNSで(Twitter:　　Instagram:　　その他　　)
4.テレビで観た(番組名:　　)
5.新聞広告(　　新聞)　　6.その他(　　)

●購入された動機は何ですか?(複数回答可)

1.著者にひかれた　　2.タイトルにひかれた
3.テーマに興味をもった　　4.装丁・デザインにひかれた
5.その他(　　)

●この本で特に良かったページはありますか?

●最近気になる人や話題はありますか?

●この本についてのご意見・ご感想をお書きください。

以上となります。ご協力ありがとうございました。

は9万6800人を数えた。医療機関が崩壊しそうになった時、保健所や行政がいかに対応するか。この3年間は、困難な問題が噴出し続けた。

病院間の連携不足。非協力的で自己中心的な病院の存在や、地域医療と行政の連携の悪さ。いまだにFAXを使って連絡していたり、ベッドが空いているのに数も確認していなかったり、何時間も救急車が受け入れ病院を求めてさまよったり……。

戦後の混乱期でもないのに、まるで〝21世紀の大恐竜〟のような動きの鈍さだった。吉村氏ら自治体の首長は、平時の医療は最高水準であっても、危機の時には対応能力が極端に低いという日本の現状を思い知ったことだろう。

しかし、それでもこの国を良くして、パンデミックを克服していかなければならない。僕は、これまで危機を何度も乗り越えてきた日本人の強さに期待したい。諦めず叱咤激励を続ける吉村氏も同じ気持ちだと思う。

064

「(議員歳費が)税金で成り立つ中、上場企業の社長と金額を比べる感覚がおかしい」

(ABCニュース　2022年5月12日)

吉村氏と松井氏が疑問と非難の声をあげた。2022年5月、細田博之衆院議長が自民党参院議員の政治資金パーティーで「私は衆院の議長になっても毎月もらう歳費(給与)は100万円しかない。上場企業の社長は1億円は必ずもらう。普通の衆院議員は手取りで70万円から60万円くらいだ」と語ったからだ。

7月4日に公開された細田氏の2021年度分の所得等報告書によれば歳費等（給与）の項目は、約2050万円。講演などの雑所得は63万円。普通のサラリーマンの年収よりは、はるかに多い。

細田氏は御年《おんとし》78歳（1944年4月5日生まれ）。島根県松江市の生まれで東大法学部卒。通商産業省から政治家に転身し1990年に衆院議員選挙で初当選。以来通算11期連続当選。自民党幹事長、総務会長、安倍晋三氏も所属した清和政策研究会の会長も務めた。沖縄北方担当大臣、官房長官を歴任し、2021年11月から第78代の衆院議長を務める長老だ。その後、旧統一教会（現・世界平和統一家庭連合）会合での挨拶や、関係性が報道され注目された。そんなベテラン政治家で国会のトップだからこそ、吉村氏はこの発言に噛み付いたのだった。

「国民の税金で各議員の歳費は賄《まかな》われている。そのことを重く受け止めて欲しい」。まったくその通りだ。それに見合う仕事をする。国民全体への奉仕者であること、そして国民の1票で選ばれた国会議員であることを忘れてはならない。嫌なら国会議員を辞めて会社を起こして社長になり、満足のいく報酬を受ければ良い。もっとも、会社が売り上げを伸ばし大成功したならの話だが。

065

「専守防衛で日本は守れるのか」

（朝日新聞デジタル　2022年5月9日）

「自衛隊は憲法上きちんと明記する必要があると思います。専守防衛という考え方で、本当に日本を守れるのか。憲法第9条に全て行き着くので、9条の改正が必要だ」と吉村氏は日本の防衛の形について2022年5月9日の記者会見で明言した。

この会見の前に吉村氏はTwitterで「戦争反対は当たり前。僕もそう。みんなそう。侵略されない抑止力の確保、有事を想定した軍民学融合の国防力が必要だ」とつぶやいていた。これについて、記者たちが質問したのだった。

「科学技術を十分活用して国民を守る。これが（今の日本は）抜け落ちている」と言葉を続けた。これまでも日本維新の会の会議や役員会で吉村氏は何度か、憲法9条を含む改憲議論をすべきだと主張してきた。吉村氏の持論だ。

僕はこの点について吉村氏と直接議論をしたことはないが、改憲ありきの議論ではなく、なぜ自衛隊の憲法明記が必要なのか、維新の憲法改正の方向性や内容は自民党の主張とまったく同じなのかニュアンスが異なるのかを詳しく聞いてみたい。

自衛隊のあり方については、日米安保体制の維持とともに議論することが不可欠だ。作家の門田隆将《りゅうしょう》氏が提唱する「日米での核シェアリング構想」は斬新で、新たな日米関係を構築し、アジアにおける防衛均衡と核抑止を生み出す説得力のある考えだと思う。またロシアのウクライナ侵攻を受けて、日本のＮＡＴＯ参加論も浮上する。

いずれにしろ首長が防衛議論、憲法改正を口にするのは珍しい。日本維新の会という国政政党の幹部を兼務するからの発言。そして大阪の地域政党ではなく、国会の中で勢力を拡大してきたからの発言といえる。こういう部分も実は維新が、保守層を取り込んで、躍進している鍵の一つだといえる。

066

「みなさんに1票を
与えてもらって、力をいただく。
だから勘定ができないことをする。
道のないところに道を作る。
それが政治家の役割なんです」

(日刊スポーツ　2022年5月25日)

２０２２年5月25日、夏の参院選挙で出馬予定の候補者を応援した吉村氏は、大阪市内で街宣車に乗りマイクを握り、口を尖らせた。

「衆院議長になっても毎月もらう歳費は１００万円。上場会社の社長なら1億円必ずもらうと発言された、細田博之議員。おかしいでしょー」と声は震えている。「腹がたってしょうがない。皆さんはどうですか」「おかしーちゅうねん」「みなさんに1票を与えていただき力をいただく。だから道のないところに道を作る」。言葉が強い。大阪弁もリズムとして伝わる。上手い演説だ。

街頭演説は、小泉純一郎元総理や田中真紀子元外務大臣が得意とした。短いキャッチーな言葉で「見出し」を立て、まずは結論から述べる。具体的な数字、名前、ビジュアルが伝わる話をすると、聴衆は話の筋立てを理解しやすい。逆に論理的な説明に時間をかけても道行く人の歩みは止められない。立って聞く人の心も掴めない。

これがテレビ討論となるとまったく違う。相手の意見を聞くことも必要だし、論破していく技も必要だ。橋下氏はディベートの天才だったが、ここにきて吉村氏のディベート力にも磨きがかかってきた。テレビ出演や毎日の記者会見をこなした経験値と、弁護士として身につけた法や理論への理解力、そして元々持っていた分析力や記憶力があってのものだろう。強さ、情熱、アイデア、実行力、そしてディベート力。吉村氏の成長を見ていきたい。

あえて苦言を呈すれば、切れなくていいところで言葉を荒らげること。これは橋下氏にも言える。真剣だからこそ、論争する言葉が攻撃的になる。しかし、言い合いになっては、議論がお粗末になってしまう。

都構想を説明する松井一郎氏は、自民や立憲から集中砲火を浴びても真摯に答えた。僕は心から拍手を送っていた。吉村氏はまだ若いので熱くなるのも分かるが、落ち着いて相手の言葉を聞くのも大事だ。

防犯監視カメラ
作動中
Security camera Operating
监视摄影机录像这边
방범카메라작동중
道頓堀商店会
あかんで!!
チャリンコ
通り抜け!!
苦情など
こちらまで
南警察 06-6281-1234
道頓堀商店会
OPTIMIST
EXCELLENT!
ドラッグ
薬
Japan
Tax-free
Shop
がんこ寿司
大阪
旨い寿司と
産直の魚
居酒屋
OCEAN

「（与党は）知らんぷりです。自民党が（国民を）なめている。圧倒的に強すぎるから」

（日刊スポーツ　2022年6月13日）

東京都内、新宿駅と吉祥寺駅で街頭演説を行った吉村氏。維新の政党カラー、緑と同色のポロシャツが爽やかだ。松井氏は、テレビ出演の時「吉村さんには、テレビ局の出演後に出待ちしているファンがいる。しかし僕には街宣車のヤジや批判が待っている」

と笑いを取ったことがあったが、東京でも吉村氏の知名度と人気は大きかった。街宣車に乗ると「吉村さん頑張って」と女性から声がかかる。全国比例区の石井苗子《みつこ》氏、猪瀬直樹氏、東京選挙区の海老沢由紀氏が並ぶ。元東京都知事の猪瀬氏の顔が一緒に並んでいるのに僕は少し違和感を覚えた。昔、何度か猪瀬氏を取材した経験があるから余計にそうだろう。

日本維新の会副代表の吉村氏がマイクを握ると観衆の注目度も上がった感じがした。

橋下徹氏が、東京で選挙応援した時には、「大阪の人が何を言うんだろう。所詮は大阪の地域政党」という感じだったが、吉村氏が知事になってから雰囲気が変わった気がする。東京でも「自民党ではない保守政党」「吉村知事は小池知事より、よくやっている」など概ね好感度が高く、一番変化したのは、〝大阪の政党〟から〝自民党に次ぐ保守政党〟へと、立ち位置がぐっと強く認識された点だ。

この日も「自民党がなめている。圧倒的に強すぎるから」と自民党をライバル視しながらも、「僕たちにも責任がある。野党が弱すぎ」と檄《げき》を飛ばした。

東京での維新の躍進は、吉村氏の知名度と維新が地域政党の殻を破りつつあることに起因している。参院選挙はそれを裏付けた。この動きが続けば日本維新の会は次の選挙に向けて大きく力を蓄えることになる。

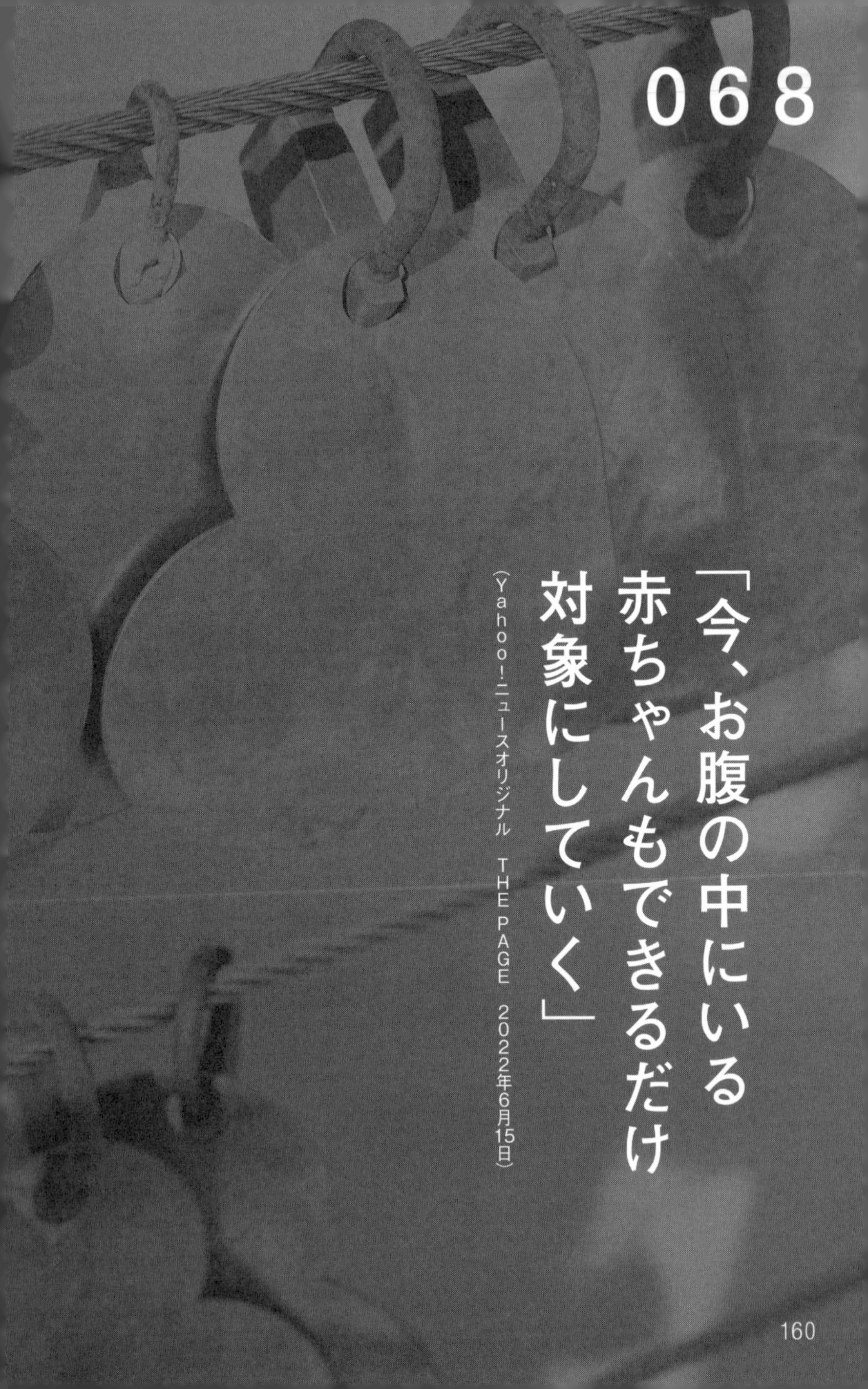

068

「今、お腹の中にいる赤ちゃんもできるだけ対象にしていく」

（Yahoo!ニュースオリジナル　THE PAGE　2022年6月15日）

２０２２年6月15日、大阪府内の18歳以下の子供を対象に、ギフトカード一人１万円分の支給を決めた。物価高騰の影響を受ける子育て世代を支援するのが目的だ。２０２３年2月末までに出生届を出した新生児まで、約１３０万人が対象になる。

現金よりもギフトカードの方が迅速に配布可能と吉村氏は説明した。そして、お腹の中の子供も大阪の子供として面倒をみたいと説明。ミルク代、おむつ代……お金がかかる子育て世代を物価高騰から救うために、直接支援する事業としたいと説明した。

そして、関西のニュースでは取り上げられたが、東京の方はたぶん知らないのではないかと思うニュースもあった。

結果、２０２２年12月20日の府議会で一般会計補正予算を賛成多数で可決した。ここに盛り込まれたのが、前出のギフトカードに続く18歳以下の子供たちへの追加支援策。一人10キロ相当のコメを支援する事業だ。

吉村氏はこの日も記者団に対して「子供はよく食べる。物価が上がっている以上、大阪の子供を支援したい」と語り、コメと引き換えられる電子クーポンを配布することを決めた。予算は国の地方創生臨時交付金を活用している。細かい支援策が子育て世代には響いている。

069

「職場で育休を取ることが、
男性も育休を取るということが、
それは別におかしなことでも
なんでもなくて、
これは推奨しているんだということを、
今日の宣言の下に、
それぞれの上司、部局長に
共有したいと思います」

（Yahoo!ニュースオリジナル　THE PAGE 2022年6月15日）

ベビーファースト運動とイクボス宣言をベースに、吉村知事が2022年6月15日、会見で記者に説明をした。

全国知事会と青年会議所が協定を結び、ベビーファースト運動を全国に広げていこうという動きに起因しているという。

子育て支援に力を注いできた吉村氏は、部局からの提案に全面的に賛同して即断即決したと、自分の言葉で語った。

良いと思ったら、吉村氏の行動はいつもスピード感がある。

制度はあっても取りにくい育児休暇では困る。積極的に取りやすい環境づくりをしていくことも大切だと吉村氏は説明する。

「どんどん育休とってよ。その分メンバーでしっかりやっていくから」と、職場の空気の醸成が重要であると、記者に説明した。

知事自らが、育休を推奨、推薦することはとても素晴らしいことだ。世の女性だけではない、男性にとっても良いエールになったと思う。

070

「大事な1票は期待でしかない」

（日本維新の会　YouTube　2022年6月17日）

吉村氏は選挙の度に演説も上手くなり、テレビでの存在感も増した。大阪市長に当選した直後に、読売テレビ夕方のニュース番組に出演。その時の僕の第一印象は、「若いしイケメン」「痩せていて線が細い」「何を言いたいのかまとまっていなくて、センテンスが長い」といったものだった。控え室で話した時も、爽やかな笑顔だったが、緊張のせいかどことなくソワソワした感じだった。正直「この若い兄ちゃん、橋下さんがいなくなって、本当に大丈夫かいな」というのが素直な感想だった。

橋下氏とその後、ある番組で会うことがあり吉村氏のことを聞くと、意外にも「吉村さんは芯が強い。そして説明される内容を全て理解して頭に入れている」と教えてくれた。

その後も、吉村氏がテレビ出演する機会やインタビューする機会が何度かあった。いつも丁寧で挨拶もしっかりしている。偉そうな雰囲気は微塵も感じられなかった。

とあるスタジオ出演前の吉村氏に話しかけると、「メイクは照れますね。テレビに出るまで化粧なんかしたことなかった」と言うので、「これは、化粧というより、照明ライトで肌が反射して、顔がテカテカ光って映るのを防ぐためのものなんですよ」とメイクの意味を説明した。「え、そうなんですか。知らなかった」と吉村氏。「色々と教えていただけて嬉しいです」と本当に嫌味がなかった。

2020年、新型コロナウイルスが猛威を振るい緊急事態宣言が出されたタイミングで、また吉村氏にスタジオに来てもらった。顔つきは自信のなかった若者の顔から、リーダーとしての引き締まったものに変わっていた。自分の話すことを整理し、僕との出演打ち合わせでも、ポイントと時間配分を的確に質問してくる。「こんな段取りでいいですか」と僕の方が緊張してしまう。「大丈夫です」と答える吉村氏。連日のコロナ対応で疲れていると話すが、生気みなぎる政治家の顔だ。時間配分、自分が言うべきことをまとめて的確にアナウンサーに返していく。橋下氏の言葉が思い出された。経験と自信が吉村氏が本来持つ言葉を伝える力を増幅したのだと僕は思った。そしてその自信の源は、確実に選挙の1票を背景にしている。選挙とコロナ対応が吉村氏を鍛えたのだ。

071

「維新は今の利益より将来像」

（日本維新の会　YouTube　2022年6月17日）

日本維新の党は、まだまだ成長段階の政党だ。今後、自民党など保守勢力の補完政党となるのか、野党の一翼として民主党政権の時のように政権交代を目指し、二大政党制を標榜していくのか。僕にもその先行き、展望についてはよく見えない。

しかし、少なくとも立憲民主党や国民民主党とは、立ち位置が違う。

２０２３年1月18日、立憲民主党と日本維新の会は国会内で党首会談を開催。テーブルについた維新の馬場伸幸代表と立憲の泉健太代表は、通常国会での共闘路線を堅持することで合意した。これまで大阪での都構想反対で煮え湯を飲まされ、選挙で激突してきた相手だけに、本当に共闘できるのかどうか、僕は懐疑的に見ている。確かに防衛費の増額議論と増税や予算削減、社会保障などで与党を追及するには、国会の質問時間を確保する必要があり、国会対策としても数の論理は絶対に必要となる。

岸田政権との対峙。しかし、春の統一地方選挙もある。野党共闘は必ずしも選挙協力にはつながらない。果たして、馬場代表の思惑がどう出るのか。維新は将来を見据えて動くと吉村氏は言ってきた。注目していきたい。

072

「しんどいのは府民、
国民の皆様の方です。
政治家は
使い捨てでいいんです」

（吉村洋文　Twitter　2020年4月11日）

新型コロナ対策に奔走していた吉村知事。

2020年4月の頃のことだ。当時、吉村氏の激務に対して、彼の体調を気遣う投稿やワードがSNSに立て続けにツイートされた。

#（ハッシュタグ）をつけた「#吉村寝ろ」や「#吉村休め」のワードがトレンド入りし話題になった。

これに対して吉村氏がリツイート。「吉村寝ろ」に対しては「ちゃんと寝てます。しんどいのは府民、国民の皆様の方です。橋下さんの言葉を借りれば、政治家は使い捨てでいいんです。この先、さらに厳しい状況になるかもしれませんが、国難を一致団結して乗り越えましょう」と発信したのだ。

フォロワーからは「あなたのような政治家が増えてくれたらいいのに」や「いえ、寝ていません。見たら分かる」などの声も殺到し吉村氏を気遣った。

しかし、吉村氏のコメントや感想については、僕はある程度理解できる。それは未曾有の事態に政治家は、死に物狂いで立ち向かわなければならないからだ。それは、歴史が教えてくれている。貴重な1票が示した民意で政治家になったからには「覚悟」が必要とされる。

むしろ、あまり持ち上げて「吉村知事の人気がすごい」とか「意思決定の速さは政府に勝っている」と大きく報じるメディアに僕は少し違和感を持った。小池知事に似た女性が「密です」と連呼するゲームが人気と報じたメディアにも僕は同様の違和感を覚えた。メディアはともすると「ただ面白い」「注目度が高い」という現象面だけを描いてしまう。そこに本来なら、疑問や問題点も一緒に添えるべきなのだが、その意識を忘れがちだ。

吉村知事が寝る間を惜しんでコロナ禍に対応している。それを心配する声が上がっている。ニュースは、その事実だけを客観的に伝えるべきで、「かわいそう」とか「寝て休んで」と伝えるべきではないと僕は思う。政治家なのだから責任を負い、やるべき仕事をやる。それがリーダーの仕事だ。

例えば、1986年11月21日、伊豆大島の三原山で大規模な噴火が発生した時のこと。噴火にともなって溶岩流が発生し、赤い舌のような溶岩は、次第に島民の住む市街地を飲み込もうとしていた。

各社のニュース映像は噴火の様子と溶岩を映し、自然災害になすすべがなかった。官邸では対策会議が開かれていたが、自衛隊派遣や住民避難で会議は膠着《こうちゃく》した。すると時の官房長官、後藤田正晴《ごとうだまさはる》は毅然として口火を切る。「島民を今日中に全員避難させる」「責任は私が全て取る」「あとはみんなよろしく頼む」と。

後藤田氏は危機管理のプロとして東京中の体育館を避難民のために確保。そして伊豆大島に漁船、自衛隊、海上保安庁、客船……船という船が後藤田氏の号令で総動員され、翌日の朝5時までには全ての島民が退去した。

このエピソードは、内閣の大番頭の仕事として広く知られるが、まさに政治家としての決断の話だ。役人が責任を取れない、あるいは実行できなければ、政治家がその任を全うするだけだ。

政治家は使い捨て。残酷な言葉だが、それだけの覚悟を持たねばならないのも政治家なのだ。

073

「選挙のしくみは若い人の影響力がなかなか出ない」

（日本維新の会　YouTube　2022年6月17日）

2022年6月17日、ひろゆき氏との対談での発言だ。

選挙には、どうしても組織票や投票に必ず行く高齢者の票が反映しやすい特徴がある。総務省が発表している「衆議院議員総選挙における年代別投票率の推移」を見ると、1967年（昭和42年）の第31回総選挙では20歳代の投票率は66・69％あった。この時一番高い年代は50歳代で82・68％だった。しかし、20歳代はこれをピークとして落ち続け、2003年（平成15年）第43回総選挙の20歳代投票率は35・62％にまで落ち込んでしまった。

対する一番高い投票率の年代は60歳代で77・89％に達する。直近の2021年（令和

3年）の第49回総選挙でも、この傾向は変わらない。20歳代は少し上がり36・5％になったものの、一番高いのは60歳代で71・43％だ。これが選挙の現実なのだ。

若い人の政治離れが進み、また人口ピラミッドの構成も高齢者が多い「逆ピラミッド型」となり、ますます若者の意見は選挙や政策に反映されにくい現状になっている。吉村氏や橋下氏はこのことを憂《うれ》いてきた。

自民党は、世に言われる「55年体制」（1955年に自由党と日本民主党の「保守合同」で自由民主党が誕生。強大な保守与党が革新系野党であった日本社会党を抑え込む体制ができた）以降、農村部や高齢者、企業の団体票と日本医師会などの組織票をバックにして与党体制を堅持し、日本の意思決定を行ってきた。

1993年には日本新党と非自民の連立政権が成立するが、細川護熙《もりひろ》内閣、羽田孜《つとむ》内閣で連立政権はあえなく崩壊。すると自民党は社会党・新党さきがけと連立を組み、1994年に村山富市内閣が誕生した。

このあたりから政治の合従連衡《がっしょうれんこう》は複雑になっていく。僕はこの頃、永田町の政治取材にどっぷりはまっていた。政権を巡って政党間の綱引きが続き、国民の政治不信がピークを迎えていく。

その後も自民党が公明党との連立で政権を奪取。2009年には、鳩山由紀夫氏が総理となり、民主党政権が誕生するが、菅直人氏、野田佳彦氏が首相を務めたのち、安倍首相の長期政権が国会の主導権を握っていった。

そんな戦後政治の歴史を見ても、若者の政治参加や意見が反映されてきたことは少なかった。確かに１９６０年代の学園紛争や１９６８年の東大闘争や全共闘などの運動はあったが、若者が政治そのものを動かすのは希有《けう》だ。

記憶にあるところでは、２０１３年の特定秘密保護法反対デモと、安保関連法案反対デモで、２０１５年頃、ＳＥＡＬＤｓ《シールズ》（自由と民主主義のための学生緊急行動）が結成され、国会の周りに学生を中心とした若者が集いデモや反政府の声をあげた。

しかし、僕が取材をしたところ、若者に混じって昔、政治活動や学生運動をしていたという年配の方も多かった。純粋な若者の政治運動ではなかった。

こうやって見ていくと、吉村氏の分析通り、若者の政治参加、そして政策に反映されるチャンスを引き出すことはとても大切な気がする。世界を旅すると、日本の若者たちが政治や政策にまったく無関心であることが、いかに特殊なことであるかがすぐに分かるだろう。年金問題、社会保障制度、医療改革。実はこの国は、年寄りが政治的なイニシアチブを握り、高齢の政治家たちが、日本の進む未来を決めている。なんとも歪《いびつ》な政治構造になっていることを忘れてはならない。

074

「僕が生まれ育った河内長野市のお隣、千早赤阪村《ちはやあかさかむら》、あまり知られていませんが、いちごが美味しい」

（吉村洋文　Twitter　2022年12月21日）

吉村洋文は大阪府の南東の端っこ、河内長野市で生まれ育ったことは、先にも述べた。もう少し詳しく触れると、河内長野市は、和歌山県や奈良県に接する大阪の山林地域で自然の豊かな地域だ。僕も取材で何度か訪れたが、思わず深呼吸したくなった。この山々では、300年以上も前から林業が行われ、質の高い木材が生産されてきた。大阪の中心地、難波から車で1時間ちょっとで、大自然に囲まれることに驚いた。農作物が豊富に収穫され、歴史的な建造物も多い地域でもある。

河内というと1976年に『河内のオッサンの唄』（ミス花子・日本コロムビア）が大

ヒットしたので、歌に登場する河内弁を覚えている方もいるだろう。いわゆる河内弁は中河内（八尾市や東大阪市あたり）の方言を指す。南河内に位置する河内長野市の言葉はまた少し違っていて、泉州弁や和歌山県、奈良県の方言に寄っているようだ。

吉村氏の言葉にある千早赤阪村は、南河内郡に属する大阪府唯一の村。人口は5000人余り。金剛山《こんごうざん》の山頂近くが大阪府の最高地点（1125メートル）として知られる。金剛山は大阪市内からも近く、健康登山の山としても親しまれている。

寒暖差の激しい気候と、透き通った湧き水、棚田《たなだ》に囲まれた美しい田舎の景色の中で、美味しいイチゴが育つ。イチゴ農園もあちこちに点在していて、季節には、イチゴ狩りで農園を訪れる人も多い。

吉村氏の故郷は、そんな自然たっぷりの場所のすぐ近く。都会的な風貌の吉村氏だが、意外と心の奥は自然児なのかもしれない。

夏はカブトムシやセミがたくさんいて、緑の山々が目に優しい。本当に心洗われる素敵な場所。もっと全国的に知られてもおかしくないと思うのだが、大阪の穴場だから、知られてしまうのは惜しい気がしてしまう。わがままだろうか。

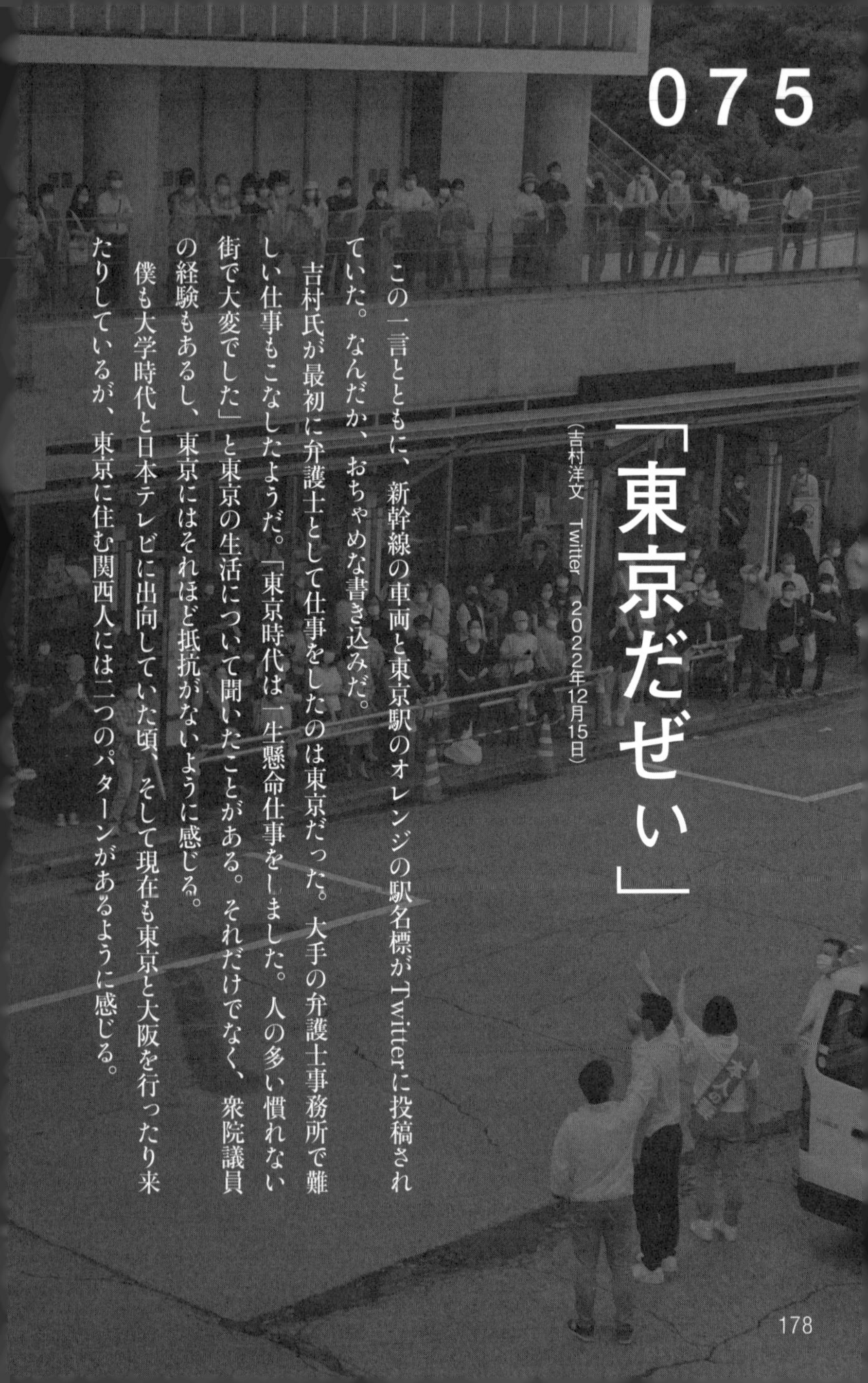

075

「東京だぜい」

（吉村洋文　Twitter　2022年12月15日）

この一言とともに、新幹線の車両と東京駅のオレンジの駅名標がTwitterに投稿されていた。なんだか、おちゃめな書き込みだ。

吉村氏が最初に弁護士として仕事をしたのは東京だった。大手の弁護士事務所で難しい仕事もこなしたようだ。「東京時代は一生懸命仕事をしました。人の多い慣れない街で大変でした」と東京の生活について聞いたことがある。それだけでなく、衆院議員の経験もあるし、東京にはそれほど抵抗がないように感じる。

僕も大学時代と日本テレビに出向していた頃、そして現在も東京と大阪を行ったり来たりしているが、東京に住む関西人には二つのパターンがあるように感じる。

一つは、関西弁を頑なにしゃべり続け、「俺は、東京もんとは違うねん」という雰囲気を常に醸し出し、「いつまでも、東京に慣れないなー」と突っ込むと「めっちゃ、東京弁話しているやんか」とバリバリの関西弁で返す人。もう一つは、「え、大阪？ 忘れましたよ」と関西出身のカケラも見せず、流暢に東京弁で返すカメレオン型。最近はどっちでもない人も増えてはきたが、大きくはこの二つに分類される。

吉村氏は、イケメンなのとスマートな印象から、後者に見られがちだが、関西弁が抜けないパターン。いや、あえて、大阪にいる〝普段〟と変えていないのかもしれない。そのスタイルもポリシーだから僕はいいと思う。でも吉村氏はスマートに見えてしまうからうらやましい。

僕はというと、アナウンサー出身だからだろうか、35年以上大阪に住むのに、いまだに関西弁が身につかない。「変な関西弁」と言われるのが嫌だから、普段のしゃべりも東京弁で通しつつ大阪で暮らしている。しかし、「結城さんってめちゃ関西弁やね。大阪長いしね」と突然言われたりするとびっくりする。僕は、まったく関西弁も大阪弁も話していないのだけれど、どうやら振る舞いや態度、普段の雰囲気が、すでに大阪の人っぽいらしい。不思議な現象だ。

076

「昭和型じゃない政治集団を目指している」

（日本維新の会　ＹｏｕＴｕｂｅ　２０２２年6月17日）

２０２１年10月31日に投開票された第49回衆院選挙は、自民党が絶対安定多数の２６１議席を確保した。コロナ禍での選挙でもあり、選挙前はマスコミから「与野党伯仲の戦いでは」と、自民党の苦戦が伝えられたが、結果は自民党への影響は少なく、議席を少し減らしただけだった。コロナの影響で「今は政権を変えられない」「苦戦予想で引き締め効果が出た」と僕は分析した。

選挙結果を見ると、投票率は低く、与野党とも期待値がそれほど上がらなかった。地域で日頃から地道に選挙活動をしてきた候補が当選したケースも目立った。自民党本来の基礎票である業界団体票や、公明党の創価学会票、そして立憲民主党の組合組織票が目減りし、これまでのような縛りは盤石でなくなってきた。僕たちマスコミの票読みもこの基礎票を下敷きにするのだが、かなりブレが出てきた。そして各社が投票行動の分析として多用してきた、投票を終えた人に聞く出口調査も、各社の調査費削減も影響してか正確さが少し鈍ってきた。

最近思うのは、この国の行く末を占う選挙結果の報道は大切だが、マスコミ各社が票もあかない、投票所の締め切りと同時に各党の議席数の予測を報じ、1分1秒を争って当確争いをする必要があるのかということ。また、党首や有力政治家が各社の番組をはしごしてインタビューに答えるのも必要性に疑問を感じる。どの番組も質問内容も切り口も同じだ。

僕は学生時代から長年選挙を取材してきた。「人の死なない戦争」と言う政治家もいる。選挙とは、この国の方向性を決める「システムのメンテナンス」。民主主義の一番大切な仕組みだ。マスコミ各社が横並びで型通りの内容を報じるくらいなら、深夜1時に落選議員を集めて選挙問題を振り返る討論会をやるとか、当選議員の選挙公約について現実にやれるのかどうかをチェックするとか、やるべきことがあると思う。

この衆院選挙と2022年の参院選挙は、コロナ禍という異様な状況の中で実施された。有権者全体としては、中道から保守寄りの有権者が増えている。左派と目される立憲民主党の主張もバラツキが目立った。縁故やプロ政治家に頼る自民党も、岸田政権では官僚政治の特徴が見えて古臭く感じられた。

投票行動を分析して僕が思ったのは、国民が求めたのは生命の危機回避と社会の安定化、そして社会の規律の回復だ。だから、首長として発信し、リーダーシップを発揮した吉村氏に信が集まったのだろう。

大阪府政・市政で一定の実績を残し、吉村・松井コンビも保守勢力の補完として、いや、まとまらない、決められない自民党より顔が見え、スピード感がある。安倍、菅、岸田氏と続いた歴代首相より親しみやすく、顔が見える。大物議員や派閥の力学、ものが決まらない既存の与野党と違い、実現力と見えやすさが維新の武器となり、選挙の目玉となったというのが僕の〝解〟だ。

維新の政治スタイルは、その出自《しゅつじ》から自民党型を多く内包している。しかし、松井氏、吉村氏、橋下氏、その他維新の議員の多くと話していて、僕が感じるのは「まっとうな考え」をする人が多いことだ。しがらみではなく「政治家はこうあるべき」とか「国民のために公を大切にしたい」とか、これは政治家の一番大切な資質だ。

このことは強く言いたい。僕が政治取材を始めたバブルの1985年は、金権政治、政治腐敗が叫ばれたが、国会議員は「国民のために」を心に秘めていた。それは田中角栄氏や中曽根康弘氏でも、竹下登氏でもそうだった。演説を聞きインタビューを何度もしたから間違いない。それがどんどん失われた。理念を忘れ、選挙に受かることが目標になった。これではいけない。自民党にも立憲民主党にも優秀な議員はたくさんいる。しかし、その優秀な議員に光をあて登用するリーダーがいないのだ。

政治家は市民や国民にチェックされてなんぼだ。それが民主主義だ。毅然たる態度は必ず信頼を勝ち取る。自分の言葉で語る吉村氏の態度と行動。勇み足もあるが、マスコミのインタビューやテレビ出演を逃げない勇気。自民党とは異なるスタンスを取りながら、自民党的なものを持つ、日本維新の会と大阪維新の会。吉村氏の言葉にはそれが含まれている。

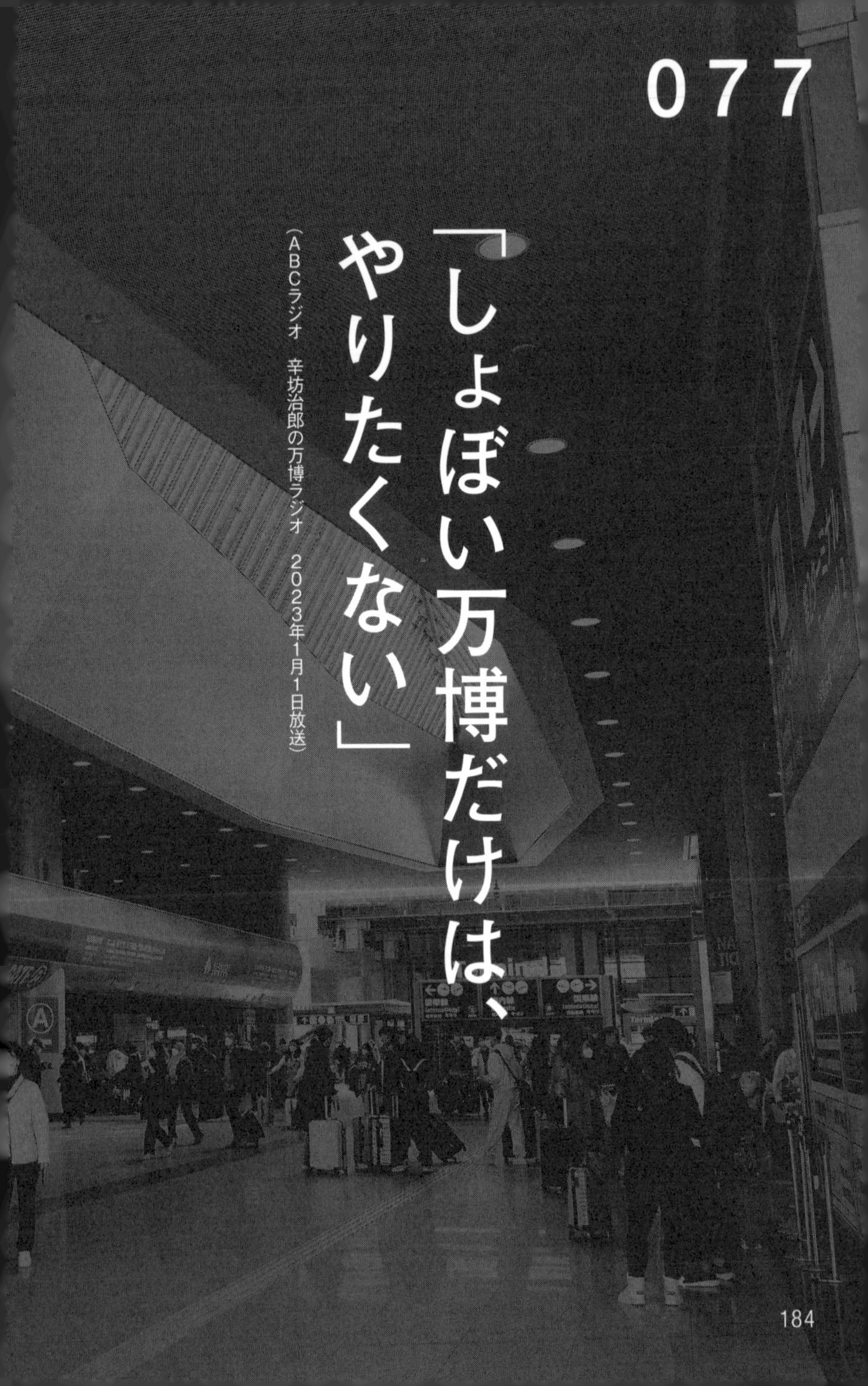

077

「しょぼい万博だけは、やりたくない」

（ABCラジオ　辛坊治郎の万博ラジオ　2023年1月1日放送）

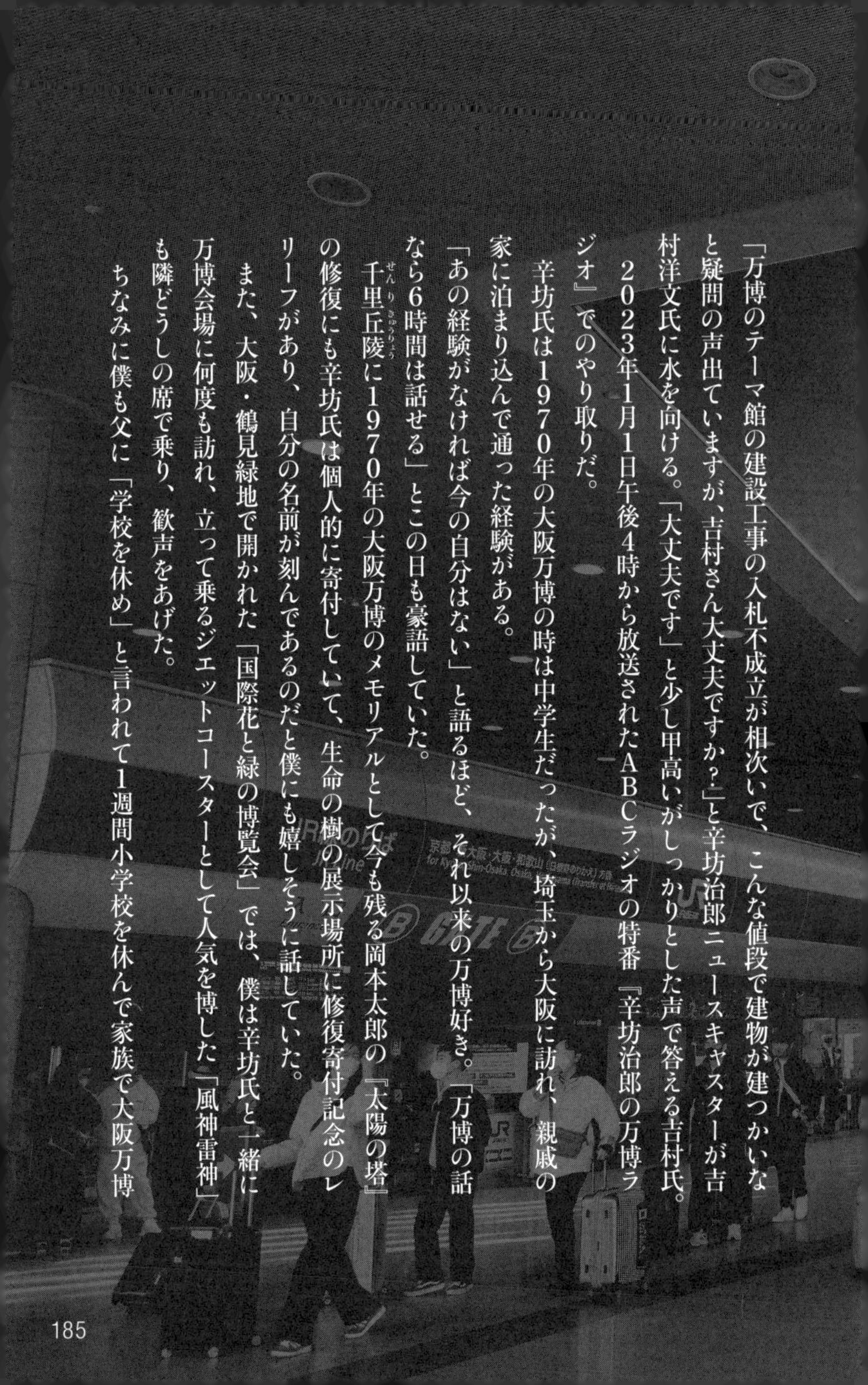

「万博のテーマ館の建設工事の入札不成立が相次いで、こんな値段で建物が建つかいなと疑問の声出ていますが、吉村さん大丈夫ですか?」と辛坊治郎ニュースキャスターが吉村洋文氏に水を向ける。「大丈夫です」と少し甲高いがしっかりとした声で答える吉村氏。2023年1月1日午後4時から放送されたABCラジオの特番『辛坊治郎の万博ラジオ』でのやり取りだ。

辛坊氏は1970年の大阪万博の時は中学生だったが、埼玉から大阪に訪れ、親戚の家に泊まり込んで通った経験がある。

「あの経験がなければ今の自分はない」と語るほど、それ以来の万博好き。「万博の話なら6時間は話せる」とこの日も豪語していた。

千《せん》里《り》丘陵《きゅうりょう》に1970年の大阪万博のメモリアルとして今も残る岡本太郎の『太陽の塔』の修復にも辛坊氏は個人的に寄付していて、生命の樹の展示場所に修復寄付記念のレリーフがあり、自分の名前が刻んであるのだと僕にも嬉しそうに話していた。

また、大阪・鶴見緑地で開かれた「国際花と緑の博覧会」では、僕は辛坊氏と一緒に万博会場に何度も訪れ、立って乗るジェットコースターとして人気を博した「風神雷神」も隣どうしの席で乗り、歓声をあげた。

ちなみに僕も父に「学校を休め」と言われて1週間小学校を休んで家族で大阪万博

に行ったクチだ。初めて見た外国人の背の高さや、洋式トイレ、ハンバーガーや月の石、人間洗濯機、お祭り広場の賑わいと迫力は今も忘れられない。21世紀はこうなるんだとワクワクした。そういう意味では、僕と辛坊氏は共通した体験を持っている。

辛坊氏の「大丈夫?」という問いに、吉村氏は「物価がだいぶ上がっていますので、当初の予定と違うところがある。仕方ない。変更を加えながらやっていきます。しょぼい万博だけはやりたくない」と説明した。

また、地元館の大阪パビリオンでは人工多能性幹細胞(iPS細胞)を使った「生きる心臓モデル」を展示する構想も語った。ゲストには澤芳樹《さわよしき》大阪大学特任教授兼大阪警察病院院長や、空飛ぶタクシーUAMを運行するSkyDriveの福澤知浩《ともひろ》社長も出演。動く心臓の話や医療最前線、そして万博の未来が吉村氏を交え語られた。

ここで辛坊氏が「大阪パビリオンは115億円もかかるそうですがどう?」と直球の質問。このあたりが辛坊氏の真骨頂。聞きたいことを忖度なく聞いてくれる。

どう答えるのかしらとラジオに耳を傾けた。

「大阪パビリオンは万博後も残す。夢洲《ゆめしま》は万博以降も国際エンターテインメントの拠点として大阪の街づくりに大きく関わるので」と締めた。2025年の大阪・関西万博が、訪れる世界中の子供たちにとって未来への想像の種や視野を広げるきっかけになって欲しい。

通天閣
通天閣本通
OSAKA
SHINSEKAI

078

「チャレンジしていける社会にしていきたい」

（日本維新の会　YouTube　2022年6月25日）

吉村洋文氏とひろゆき氏によるスペシャル対談で出た吉村氏の言葉。

吉村氏は過去に何度も「チャレンジしていける社会の大切さ」を訴えている。

2021年4月5日、大阪府新人職員への挨拶では「府民の利益の観点で新しいことにチャレンジしてもらいたい」と新型コロナ感染拡大で大変な時であっても、挑戦する意識が大事であると強調した。

また、読売テレビの夕方のニュース番組に出演した際にも「民間企業との協力やチャレンジしていける社会を作らないといけない」とこの理念の大切さを話した。
社会課題は複雑化してきている。しかし、大阪は商人の町。改革によって新しいイノベーションを生み出してきた街という気概が強い。東京は政府や政治家、官僚が主導して街づくりや様々な政治が進んできた印象が強い。対して、大阪は太閤秀吉の時代から、主役は庶民や商人だ。お上を風刺して、常に笑いにしてきた大阪人気質は今も変わらない。

例えば、大阪の名建築・シンボルとして中之島にそびえる、大阪市中央公会堂もそうだ。国指定の重要文化財。ヘレン・ケラーの講演や「地球は青かった」という言葉が今も記憶に残る人類初の有人宇宙飛行士ユーリイ・ガガーリン大佐の講演も行われた。

この公会堂は大阪の一個人の寄付を基にして建築された。

〝義侠《ぎきょう》の相場師〟と呼ばれた株式仲買人・岩本栄之助《えいのすけ》が、生きる上で大切にしたのが、株で得た利益を公共のために活かすという考え方だった。

1909年（明治42年）、栄之助は渡米実業団の一員として米国に渡り、米国の富豪が財産を慈善事業や公共事業に投じていることに強い感銘を受けた。

旅の途中で父の訃報を受け取り緊急帰国。栄之助は父の遺産50万円に手持ちの財産を足し、100万円として大阪市に寄付した。現在の価値でいえば数十億円に相当するというから驚くしかない。それをもとに建設計画が進んだ公会堂だが、栄之助は完成を見ることなく死去した。その2年後の1918年（大正7年）10月に完成した。

1989年（平成元年）に、朝日新聞が老朽化していた公会堂の保存運動を展開し市民や企業から寄付が寄せられ、2002年（平成14年）に再生工事が完成した。この大阪市中央公会堂の横には、建築家の安藤忠雄氏が寄贈した「こども本の森　中之島」がある。設計も安藤氏が手がけ、子供たちは館内だけでなく公園内全てで閲覧できる。

これまた大阪のシンボルとして有名な大阪城公園と天守閣。大正時代に公園整備計画が持ち上がり、1928年（昭和3年）、名市長として語り継がれる關一《せきはじめ》が、天守再建と公園の整備計画を提案。市民がこれに賛同し募金150万円が集まった。これを建設資金として天守閣は再建された。

1995年（平成7年）からは平成の大改修が行われ、日本100名城の一つとして大阪にそびえ、外国人観光客にも大人気の名所となっている。

挙げればまだまだある。とにかく大阪漫才の中身も政治や経済を皮肉ったものが多いし、商人の気概と市民のパワーが大阪の真骨頂だと僕は思う。

吉村氏も「チャレンジ」については、「おれらがやるんや」という、ナニワ根性を魂の奥に秘めていると思う。だからこそチャレンジにこだわっているのだろう。

オオサカミックス
牛乳たっぷり
くいだおれ

079

「子どもに背負わせるのは借金じゃない。ランドセルだ」

（日刊ゲンダイDIGITAL　2022年6月30日）

名言だと思った。大阪府では2020年4月から、所得制限はあるものの、実質的な私立高校の学費と私立高校の授業料無償化制度（年収590万円未満）や大阪公立大学の授業料無償化（年収590万円未満）が行われている。国の支援制度にプラスされる形。東京都や地方自治体でも教育費の無償化が行われ、国も教育無償化に力を注ぐ。
維新は2022年の参院選の時にも公約として「教育無償化と出産無償化。将来世代への投資」を掲げた。人口減と出生率低下は喫緊の課題で、産み、育てやすい環境の充実が必要だ。維新の考える重点政策は若い世代も惹きつけると僕は感じた。

ただ「大阪だけが頑張ってきた」あるいは「大阪では改革が進んだ」と声高に言い続けることには異論がある。橋下徹氏は「ふわっとした民意」という表現をしたが、維新が、民意をくみ、国政や統一地方選挙で勝利していくためには、大阪だけでなく、国という視点をもっと打ち出していかなければならない。

「大阪では」という考え方、言い方では「ふわっとした民意」を確実に掌で掴むことはできないと感じる。自民党にもしっかりモノを言い、野党と共闘できるところは共闘していくことも必要だと考える。

ただ、吉村さんのこの言葉は、今の日本にとって、とても大切なことだと思う。

080

「政治家が儲ける手段でやるのは良くない」

（日本維新の会　ＹｏｕＴｕｂｅ　２０２２年６月25日）

これまた吉村氏の言う通りだ。正直、吉村氏の言葉を調べていて「その通り。吉村氏のおっしゃる通り」と膝を打つことが何度もあった。しかし、この普通のことができない政治家のなんと多いことだろうか。

２０２２年４月に改正されて、名前の変わった「調査研究広報滞在費」（旧「文書通信交通滞在費」）も、まさに一部の政治家は、儲けるために使ってきた。国会議員の給与（歳費）は、１年間でボーナスを入れて約２１８０万円。しかし、それとは別に政治活動を支える交通費や通信費として使える経費として、毎月１００万円がある。領収書はいらないし使用内容の報告義務もない。会社勤めのサラリーマンや公務員には信じられない話だ。使った経費や領収書は必ず提出するのが普通だ。それが国会議員にはない。

使ってても使わなくても議員のもの。その上、交通費は非課税である。

　２０２１年10月31日に行われた衆院選挙で当選した新人国会議員が、たった１日で満額１カ月分の文書通信交通滞在費１００万円が支給された。この新人議員の素朴な疑問から問題に火がつき、維新や立憲、無所属会派は交通費の日割り支給と使途公開、未使用費については返納を義務化することを国会で訴えた。日本維新の会は独自の取り組みとして交通費の使い道を公開した。

　そして２０２２年４月15日に「調査研究広報滞在費」が成立。月額から日割りになった。大山鳴動して鼠一匹——まさにこの諺《ことわざ》通り。名前が変わっただけで、使用目的の公開も返納も実現せず従来のまま。がっくりだ。吉村氏ではないが、おかしいを通り越しあきれてしまう。しかも、国会議員は国会と選挙区の移動のために、公務であればＪＲのグリーン車にも乗れるＪＲ乗り放題パスと、東京と自分の選挙区の区間飛行機３往復分の引換証、さらにさらに鉄道乗車証とバス優待乗車証が支給される。これがあれば私鉄各社の鉄道とバスは乗り放題。そしてＪＲと飛行機会社だけには、衆参事務局予算から年間約13億円も支払われている。これももちろん僕たちの税金。この無料パスがあるのに、その上に、毎月の領収書いらずの交通費が果たしているのか？

　国会議員には、庶民感覚とずれた謎がまだまだある。

081

「核兵器を世界からなくしていくのは目指すべき姿。核攻撃を受けない、核で威嚇や軍事侵略を受けない国、防衛づくり、国民を守ることは、今やらねばいけない現実問題」

（Ｙａｈｏｏ！ニュースオリジナル　ＴＨＥ ＰＡＧＥ　2022年6月30日）

毎日、ロシアによるウクライナ侵攻の悲惨な映像がお茶の間に届けられる。遺体こそ映されないが、兵士はもちろん市民の命も確実に失われている。世界から戦争をなくそうと世界中の国際会議や平和団体が訴え続けてきたが、その叫びも虚しく戦争という名を借りた犯罪行為を止められない。正義はウクライナにあると思うが、ロシア人も好きで戦場に立っているとは思えない。

広島・長崎の原爆投下という人類史上例を見ない残虐な無差別大量殺人を経験した日本。被爆者や市民、そして日本が戦後ずっと訴え続けてきた核兵器廃絶は、いまだに成果につながっていない。むしろ、ウクライナ侵略や中国の脅威、そして北朝鮮の連続するミサイル発射で防衛に対する緊張が高まっている。

吉村氏や日本維新の会は、政策提言として「維新八策２０２２」で、憲法改正案を出し、憲法第９条への自衛隊明記や他国による武力攻撃を念頭に置いた緊急事態条項を作ることや、憲法裁判所の設置を記す。維新の外交安全保障関連政策は自民党に近い。自民党大阪府連の内部分裂で維新が誕生したのだから当然だ。吉村氏は「自民党と異なる政策を目指す」と明言するが、どこか自民党的な匂いがしてしまうのは、そこに起因する。

この国の政治は小選挙区制の導入以来、米国や英国と同じ二大政党制を標榜してきた。

保守に対するリベラルという構図で民主党政権も生まれた。ただ、維新の場合は自民党とは立場を少し異にした保守勢力の党として飛躍していく可能性がある。

リアルな安全保障を実現するために、核シェアリングや核に対抗する新たな安保体制の構築を目指すのかもしれないが、そこには国民が納得し安心できる安全保障体制への合意と議論が不可欠だ。

世界唯一の被爆国として、平和を希求する先人たちの努力と姿勢は忘れないで欲しい。吉村氏の言葉の冒頭部分「核兵器を世界からなくしていくのは目指すべき姿」ここが一番大切なことだから。

082

「岸田さん、決断と実行を
ポスターに掲げましたよね？
本気でやってくれますか。
やっていないですよね」

（日本維新の会　YouTube　2022年6月27日）

岸田文雄首相の政策実行姿勢や国会運営、国民への説明に対して、吉村氏の不満は明らかだ。この言葉は2022年の参院選挙の街頭演説より。安倍、菅政権との連携姿勢とは大きく異なる。

新型コロナウイルス感染症の分類について、吉村氏は早く2類から5類へ引き下げるよう官邸や岸田氏に要望してきたが、やっと2023年の1月になって記者会見し5月8日からの感染分類引き下げが決まった。確かに先進各国と比較しても、この対応はかなり遅い。岸田首相は、2023年の4月に行われる統一地方選挙と5月19日から21日まで岸田氏の地元広島で開催されるG7広島サミットを睨んで、コロナの感染症分類引き下げ期日を決めたという見方もある。

統一地方選挙前だとコロナ対応への不安や批判から不利な影響が出る可能性がある。また、5類への「緩和」がサミットの後ということになると、広島サミットに日本を訪れる各国の要人や外交官ら重要関係者にも感染対策をしてもらわなければダブルスタンダードだと非難されるのは必至だ。

とはいえ、「マスクをしてください」と訪日する各国の関係者に要望するのは流石に難しい。そこでこの日程になったとの見方を示す政治評論家筋も多い。

真偽のほどは分からないが、影響と効果を考慮して時期の検討を重ねたのは本当のことだろう。ただ吉村氏としては、大阪経済を回し、コロナで完全になくなってしまったインバウンドの復活を早急に進め、2025年の大阪・関西万博開催とその成功に弾みをつけなくてはならない。岸田首相の決断は早ければ早いに越したことはなかっただろうから、ここまで遅くなったことへの苛立ちは大きかったのだろう。

広島サミットで「核兵器の惨禍を二度と起こさないとG7首脳に訴えたい」という岸田首相の思いは相当に強い。2023年1月中旬、ヨーロッパ各国と米国やカナダを弾丸訪問した岸田首相は、米国バイデン大統領との会談でもこのことを伝えている。

岸田首相には不満を持つ吉村氏だが、2022年の年末には関西広域連合連合長の三日月大造《みかづきたいぞう》滋賀県知事らと官邸を訪れ、万博を国家プロジェクトとして位置付け、スタートアップ企業が躍進する場となるように支援を要望した。

この時、吉村氏は、岸田首相に万博の目玉の一つとなる予定の〝空飛ぶクルマ〟をなんとかして商用運航させたいと提言書も手渡した。

岸田氏がどんな気持ちだったかは分からないが、ニュース映像を見る限りは、笑顔で受け取っていた。吉村氏としては、背に腹はかえられない。万博開催については政府の協力を取り付けたいと思ってのことだった。

企画室

083

「実は、テレビで説明は、苦手なんです。アナウンサーみたいに得意じゃない」

（読売テレビ　そこまで言って委員会NP　2020年5月10日　放送　収録時）

「司会の黒木千晶さんも辛坊治郎さんも説明が上手い。難しいことを簡単に分かりやすく話す。僕は器用な方じゃないからいらんことを言ってしまう。駄目やなーといつも思います」と、テレビ出演のためメイクをしていた吉村氏が鏡越しに照れ笑いを見せた。「そんなことないですよ。土曜日の『あさパラS』でも、ハイヒールの二人と丁々発止で話していますやん。自分の言葉でなかなか伝えられないものですよ」と僕。

機嫌良く出演してもらおうとヨイショしたわけではない。漫才コンビのマシンガントークにも怯《ひる》まず、ちゃんと説明するのは簡単ではないし、記者会見やテレビ出演でも自然体で話す吉村氏を、テレビマンとしてすごいと思っただけだ。マスコミは政治家を追い詰めるだけが仕事ではない。政策を聞き、視聴者に伝えるのも大事な仕事だ。

僕がまだ新人アナウンサーの頃、『11PM』(日本テレビ・読売テレビ)という深夜番組にリポーターとして出演していた。ある時はお色気満載で真面目な大人には怒られそうな内容もあったが、原発や沖縄米軍基地、あるいはベトナム戦争や大阪・西成区あいりん地区の労働者など、社会問題を真剣に取り上げる硬派な面もある番組だった。

大阪発の火曜と木曜の司会は直木賞作家の藤本義一《ぎいち》氏。「結城さん、テレビは怖いよー。その人の本当の人柄が映ってしまう。いくらいいことを言っても、嘘や嫌らしい心根が、表情に表れる。人の仁《にん》が映る。仁とは魂みたいなものや。よく覚えておきなさい」。ある時、その藤本氏がこんなことを教えてくれた。

吉村氏はテレビ出演でカッコつけるところがない。良く言ってやろうとか、良く見せよう、ひけらかそうというてらいがない。いつ会っても僕はそう感じる。

初対面だった大阪ベイ淡輪《たんのわ》ヨットクラブのヨットハーバーでの夕方、「僕はどうしたらもっと話が伝わるようになりますかね?」と言った吉村氏の顔が僕は本当に忘れられない。彼は忘れたかもしれないが。

084

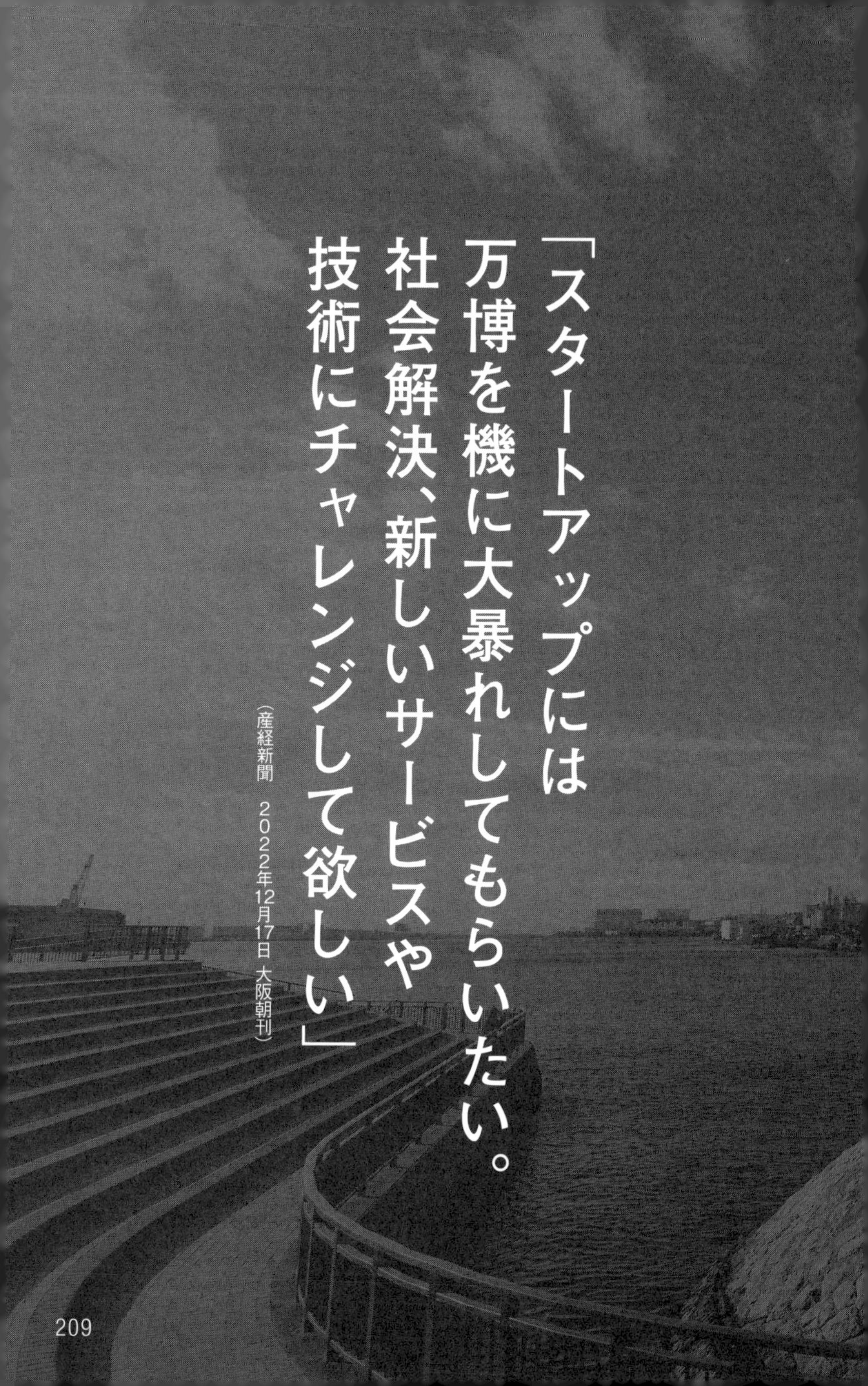

「スタートアップには
万博を機に大暴れしてもらいたい。
社会解決、新しいサービスや
技術にチャレンジして欲しい」

（産経新聞　２０２２年12月17日 大阪朝刊）

2022年12月16日の夕方ニュースに、吉村洋文氏と岸田文雄首相が笑顔で映し出された。2025年の大阪・関西万博の成功を導き出すため、吉村知事は官邸を訪れ、関西広域連合連合長の三日月大造滋賀県知事も同行し、岸田首相に直に、国の支援を要請したのだった。その後、岸田首相との会談内容について記者団に語った吉村氏は、スタートアップの活躍を強調した。

このニュースは、翌日の全国紙での扱いは小さかったが、関西のテレビ各社の夕方ニュースでは、大きく取り上げられた。

革命的モビリティーとして大阪の海の上をクルマが飛ぶ風景を必ずや実現するとも述べ、岸田首相にしっかり説明したと自信をのぞかせた。この日は他に、西村康稔《やすとし》経済産業相のところにも訪れ、併せて成功への支援を要請したのだった。

岸田首相への訪問の後、1月18日に自民党の茂木敏充《もてぎとしみつ》幹事長が大阪・関西万博の会場となる人工島・夢洲を視察している。茂木氏を迎えた吉村・松井両氏に対して、茂木氏は笑顔で、政府与党の全面協力を約束した。

その2日後、今度は立憲民主党の岡田克也幹事長と安住淳国対委員長も万博会場を訪れた。ただ、立憲民主党は万博のあとに大阪府と市が実現を目指す統合型リゾート、IR構想には反対の立場である。

国会では、日本維新の会の馬場伸幸代表が立憲民主党の泉健太代表と共闘を進める。岸田首相の防衛費増額に絡む増税には一致して反対の立場だ。維新と自民党、そして維新と立憲——国政と万博の開催という縦と横の糸がなかなか複雑に絡み合う。

実はもう一つ視点を付け加えると、自民党を代表して夢洲を視察し、吉村・松井両氏と会ったのが、茂木氏というのも意味深だ。

茂木氏はポスト岸田として名前が挙がる。この日も「自民と維新は、国の根幹となる政策（憲法改正や安全保障）では一致を見ている。立憲と維新の方が国家観を問われるような問題で隔たりがある気がする」と記者らに語り、牽制球を投げている。岸田首相の掲げる「異次元の少子化対策」では、茂木氏が「『こども・若者』輝く未来創造本部」の本部長を務め、政策議論の中心になるという。そんな政治の駆け引きもチラチラのぞくのだ。

「政治は、一寸先は闇」と言われる。国政においても存在感を増した維新は、今後、日本の政治にどんな影響を与えていくのだろうか。目が離せない。

その政治の駆け引きの渦に、ある意味、純粋な政治魂を持つ吉村氏が、どんどん本人も気づかないうちに巻き込まれていかなければ良いのだが……長く政治の伏魔殿を取材してきた僕は、密かに危惧するのだった。

085

「代表が決まれば、誰であっても
みんなで支えようということが
重要だと思うんです」

（Yahoo!ニュースオリジナル　THE PAGE 2022年7月14日）

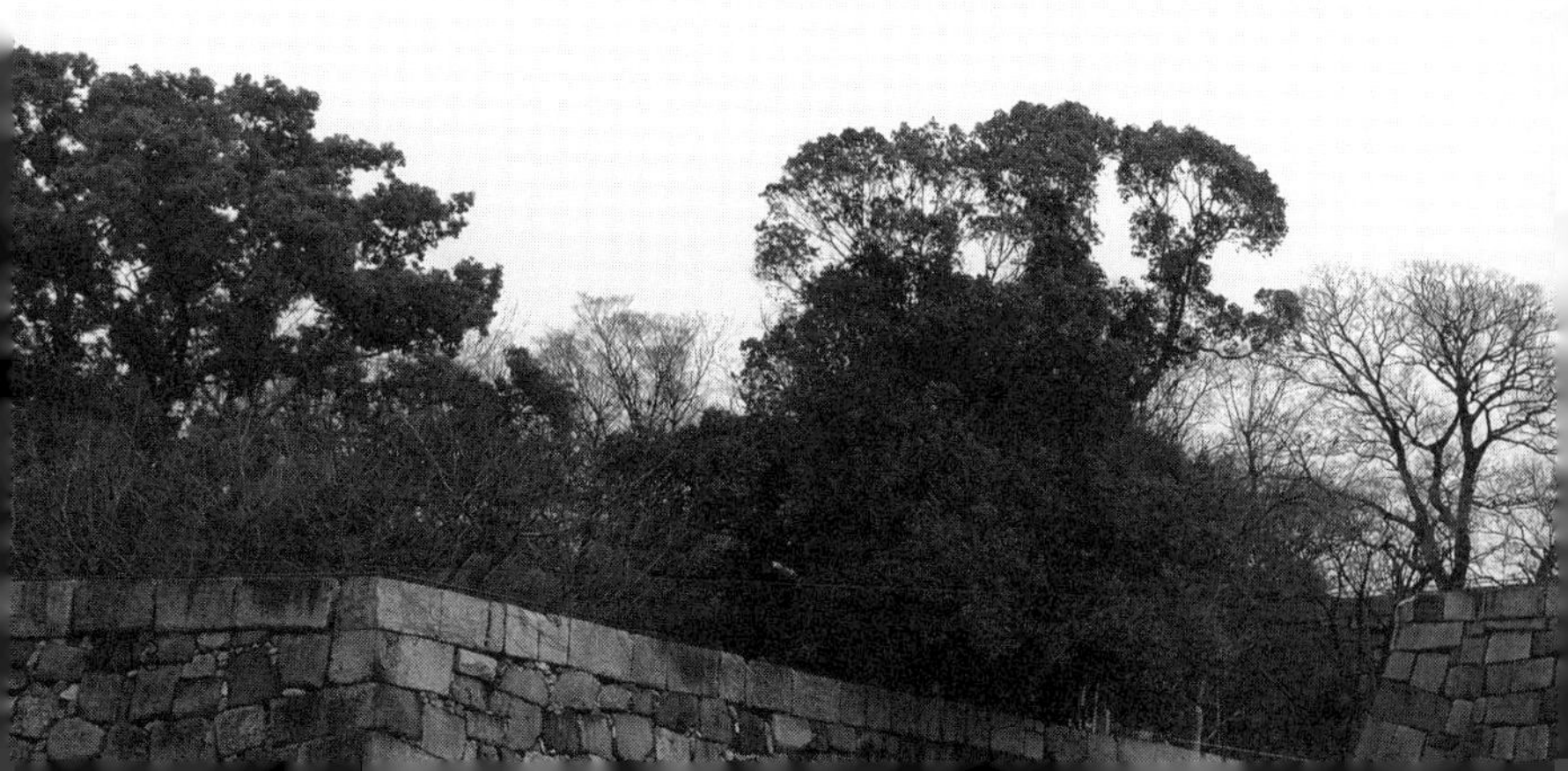

「参院選の結果は、自民党が圧倒的に強かった。我々は力不足、負けを認めざるをえない」。2022年7月10日夜、参院選挙の開票結果を受けて、松井氏は吉村副代表と会見に臨み、日本維新の会の代表を退く意向を固めた。維新の敗北や引退の会見は全てこのホテルの大広間で行われてきた。橋下氏が都構想の住民投票に負け、政界引退を口にした会見では、橋下氏の隣に松井氏がいた。今、引退を表明した松井氏の隣には吉村氏が座る。なんとも象徴的な光景だった。

松井氏の正式な代表辞任を受け、8月27日に日本維新の会の代表選挙が実施された。副代表だった吉村氏の代表選への立候補も取り沙汰されたが、「僕自身は大阪府知事の仕事、地域政党の大阪維新の会の代表をしている。そちらに集中したい」ときっぱりと明言した。

3人の立候補があった代表選は馬場伸幸氏が圧勝し、日本維新の会の新代表に選出された。57歳の馬場氏は、衆院大阪17区選出で当選4回。政治路線は、松井氏の路線をほぼ継承する。

共同代表には、副代表を務めてきた吉村氏が起用された。吉村氏は「代表が決まれば、誰であってもみんなで支えようということが重要」と語り、橋下氏の後の日本維新の会をまとめてきた松井氏のあとを継ぐ馬場氏を支えることを誓った。

ちなみに馬場氏は中山太郎自民党衆院議員の秘書から堺市議会議員となり、市議会議長も務めた。2010年に自民党を離党し大阪維新の会の結成に参加。2011年から大阪維新の会の副代表を務めてきた。

その後、2012年に衆院議員に初当選。旧日本維新の会の分党や維新の党の結党、そして2015年の分裂など、党の混乱を体験しているが、一貫して橋下徹氏と行動をともにしてきた。

馬場氏とは、取材や番組出演で何度か話してきたが、現実的な考えの持ち主だ。吉村氏とも気脈を通じる。混乱を乗り切ってきただけに気骨と胆力のある人物と僕は見ている。維新の今後を引っ張っていく政治家として注目して欲しい。

086

「予備選挙に類似例はない。初めて」

（朝日新聞　2022年9月17日 大阪朝刊）

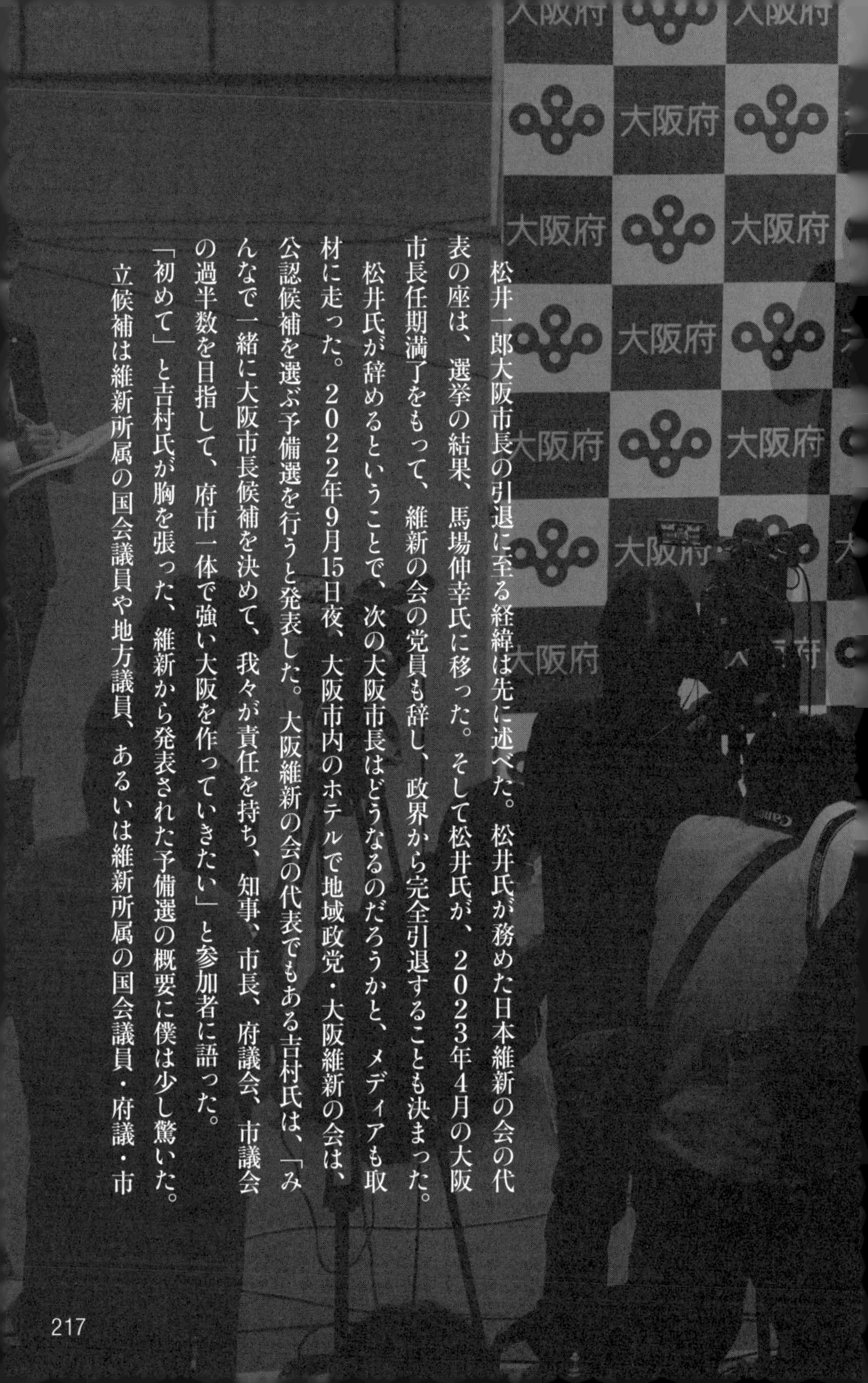

松井一郎大阪市長の引退に至る経緯は先に述べた。松井氏が務めた日本維新の会の代表の座は、選挙の結果、馬場伸幸氏に移った。そして松井氏が、２０２３年4月の大阪市長任期満了をもって、維新の会の党員も辞し、政界から完全引退することも決まった。

松井氏が辞めるということで、次の大阪市長はどうなるのだろうかと、メディアも取材に走った。２０２２年9月15日夜、大阪市内のホテルで地域政党・大阪維新の会は、公認候補を選ぶ予備選を行うと発表した。大阪維新の会の代表でもある吉村氏は、「みんなで一緒に大阪市長候補を決めて、我々が責任を持ち、知事、市長、府議会、市議会の過半数を目指して、府市一体で強い大阪を作っていきたい」と参加者に語った。

「初めて」と吉村氏が胸を張った、維新から発表された予備選の概要に僕は少し驚いた。

立候補は維新所属の国会議員や地方議員、あるいは維新所属の国会議員・府議・市議の推薦があればOK。そして選考には、外部有識者として国際政治学者の三浦瑠麗氏、経済ジャーナリストの須田慎一郎氏、ニュースキャスターの辛坊治郎氏らが参加して、プレゼンテーションを経て絞り込み、12月10日党員らの選挙で決めるというもの。三浦氏とは面識があるくらいだが、辛坊氏と須田氏は番組を含めて長い付き合いだ。

須田氏の分析では「予備選をやるのは、大阪市長選挙を盛り上げて、候補者の顔と名前を売るため」と分析した。僕もこの意見に同意した。

そして2022年12月10日、大阪維新の会幹事長で大阪府議の横山英幸氏（41）が予備選・最終選考の党員投票で決まり、松井氏の後継候補として大阪市長選挙に擁立されることとなった。横山氏は、吉村氏が大阪市議会議員選挙に大阪北区選挙区から出馬し初当選した2011年の統一地方選挙で当選。つまり同期当選である。

これまで維新は府と市の「二重行政」を解消してきたが、知事と市長のポストを持ってきたのが最大の強みだった。この二つのポストを維新が押さえることは必須だ。

先ほどの須田氏の言葉を借りるなら、「横山氏は知名度がまだ低い。吉村氏は全国区。松井氏の後継者としては、まだ粒が小さい」と弱点を挙げる。果たして、4月までに知名度アップが成功するか。

今回の異例の予備選は、実は公選法が禁じる「事前運動」に抵触する可能性があった。

したがって、党内手続きの枠から外に出ることができず、街頭演説やオープンの討論も行えなかった。ここは維新の誤算だった。

では、対する自民党大阪府連の出方はどうか。2023年2月10日現在の状況では、4月9日の大阪府知事・大阪市長の大阪ダブル選挙には、大阪芸術大学客員准教授の谷口真由美氏が大阪府知事選に、そして自民党大阪市議の北野妙子氏が大阪市長選に立候補を表明している。二人は、大阪維新の会に対抗する勢力の結集を目指していて、政治団体「アップデートおおさか」の出馬要請を引き受けた。なお、共産党は辰巳孝太郎元参院議員が無所属で出馬を表明している。

2020年の2回目の都構想住民投票の際、反対運動を牽引した自民党大阪市議団の幹事長としてテレビ出演や街頭演説を精力的に牽引したのが、北野氏。維新にとっては強敵という見方もある。また谷口氏はTBSの『サンデーモーニング』コメンテーターや、毎日放送の『VOICE』コメンテーターなど、テレビ出演で知名度もある。

果たして、大阪の府知事選・市長選の行方は……本書が世に出る頃は選挙の真っ最中。僕の予想は、それでも維新が、知事・市長、両方で勝つのではないかと思うのだが。

087

「濃厚接触者の自宅隔離、待機は、僕は廃止すべきだと思っています」

（デイリースポーツ　2022年7月22日）

新型コロナウイルスの第7波が急拡大していた2022年7月22日、感染力がより強いオミクロン株が変異し新たな派生型として「BA/5」が広がっていた頃。医療従事者への感染も拡大し、あちこちの病院で、人手不足や病床使用率が上昇していた。僕は、生まれ故郷の縁で、鳥取大学医学部附属病院の特別顧問を務めている。病院関係者の会議で、感染状況について時系列に沿って詳しくレクチャーを受けてきた。また、担当する報道番組でも東京と大阪の取材を続けてきた。現場で治療をする、生の看護師や医師の声も聞いてきた。そこから言えることは、デルタ株と比べてオミクロン株の毒性は格段に低くなったこと。治療法もある程度確立され、治療薬や知見の積み重ねも進んだ。その上、新型コロナウイルスへのワクチン接種も加速度的に進んだことで、重症化率は下がった。

死亡者も高齢者に限定的となり、他の病気で入院、あるいは治療が必要なケースでコロナになり入院というケースが増えた。軽症、中等症病床の使用率がじわじわと上昇し、そこから感染する医療関係者も増加し逼迫していった。

しかし、本当の患者の状況は、風邪の症状と変わらず、38度程度の熱が数日続き、回復。中には自宅で薬を服用するだけという患者もいた。しかし、濃厚接触者にカウントされ、出勤できない医療従事者が急増。現場は「感染症状は落ち着いている。重症化リスクの高い高齢者は別だが、軽症の人や濃厚接触者のレベルや対象も下げるべきではないか」と疑問の声をあげ始めていた。

先進各国は、マスクの義務化をやめ、経済を動かし、外国との往来も解禁していた。当時、ロックダウンを続けているのは、感染拡大を引き起こした中国くらいのものだった。日本もこの段階で先進国並みになっていたなら、どうだったのだろうか。

吉村氏は、政府が、濃厚接触者の待機期間を短縮する考えを示したことに言及し、自宅待機はもういらない。不要にすべきだとあらためて主張したのだった。

088

「第三極といわれる政党はほぼ消滅した。日本維新の会としてぶれずに自民党と対峙できる野党としてやっていくことが大切だ」

（日本経済新聞　2022年9月28日）

2022年9月28日、自身も〝第三極〟と呼ばれた日本維新の会が国政政党として結党10年を迎えたのを受けて語った言葉である。

国政で第三極と呼ばれた政党にとってまさに挫折の歴史だったと思う。組織力が弱く、支援団体もしっかりとした組織として機能しない。政策実現のためと言いながら離合集散と党内の路線対立を繰り返しては、結局ただの少数の議員グループへと成り下がってしまう。

僕は学生時代の1984年、新自由クラブという政党本部でアルバイトをしたことがある。身近で政治を観察する上では良い経験だった。

1976年6月に自由民主党の河野洋平衆院議員や西岡武夫衆院議員らが政治倫理を巡り、自民党を離党。自民党はすでに歴史的役割を終えたと主張する新保守政党として結党された。1976年12月の第34回衆院選挙では、17人（のちに追加公認1人）が当選し、新自由クラブブームを巻き起こした。

しかし、運営面の混乱が目立ち、対立が激化。1979年の第35回衆院選挙では4議席と惨敗。しかし、1983年第37回衆院選挙で自民党が半数割れとなり、8議席を有した新自由クラブと連立政権を樹立。

その後、1986年衆院選挙での自民党大勝とともにほとんどの国会議員が自民党に復党し党は解散した。その時の、なんとも言えないいい加減な雰囲気と明確なスタンスを持たない政党の弱さを学生の僕は肌で感じた。

その後の1993年に結党された新党さきがけをはじめ、みんなの党、日本新党、〝第三極〟を目指すとされた政党は、全て短命で消えていった。

そんな中で、野党第一党を目指し、吉村氏が言う「自民党と対峙できる野党」になれるのかどうか。

改革姿勢や大阪という地方を土台とする政党という点は、まだまだ注目度があると思う。ただ一点指摘しておくと、日本維新の会の強みは、大阪の府議会、市議会、そして市町村の首長たちを多く有する「大阪維新の会」という地域政党の存在が大きいことを忘れてはならない。

元総務大臣だった増田寛也氏が〝地方消滅〟を唱え、東京のブラックホール化を指摘している。自民党は安倍政権が掲げた地方創生を旗印として選挙を戦っているが、今も地方創生は確立できていない。

国の予算は霞が関で組み立てられ、国は地方交付税交付金として地方へ予算の再配分をしてきた。地方自治体が、霞が関の役人詣でをする様子はさながら現代の参勤交代のようだ。

その不公平感の解消という意味でも、もっと地方に委ねる部分や自己決定権を拡大していくべきではないか。

一般的に国政政党の意思決定も同様で、中央集権的な統治が行われる。しかし維新の場合は必ずしもそうではない。地方行政を担う大阪維新の会が、国政政党である日本維新の会へ政策提言し、地方の意思を国政に反映しようとしている。このことは、すごいことだ。

大阪の挑戦という意味で、維新の役割は今までの第三極とは明らかに違うと僕は感じる。それこそが10年続いた決定的な理由なのではないだろうか。

自民党に挑む政党になれるかどうかは、これからだろう。

免税
ALL Tax Free
BRAVE
広告募集
広告募集
広告募集
広告募集
06-6468-4538

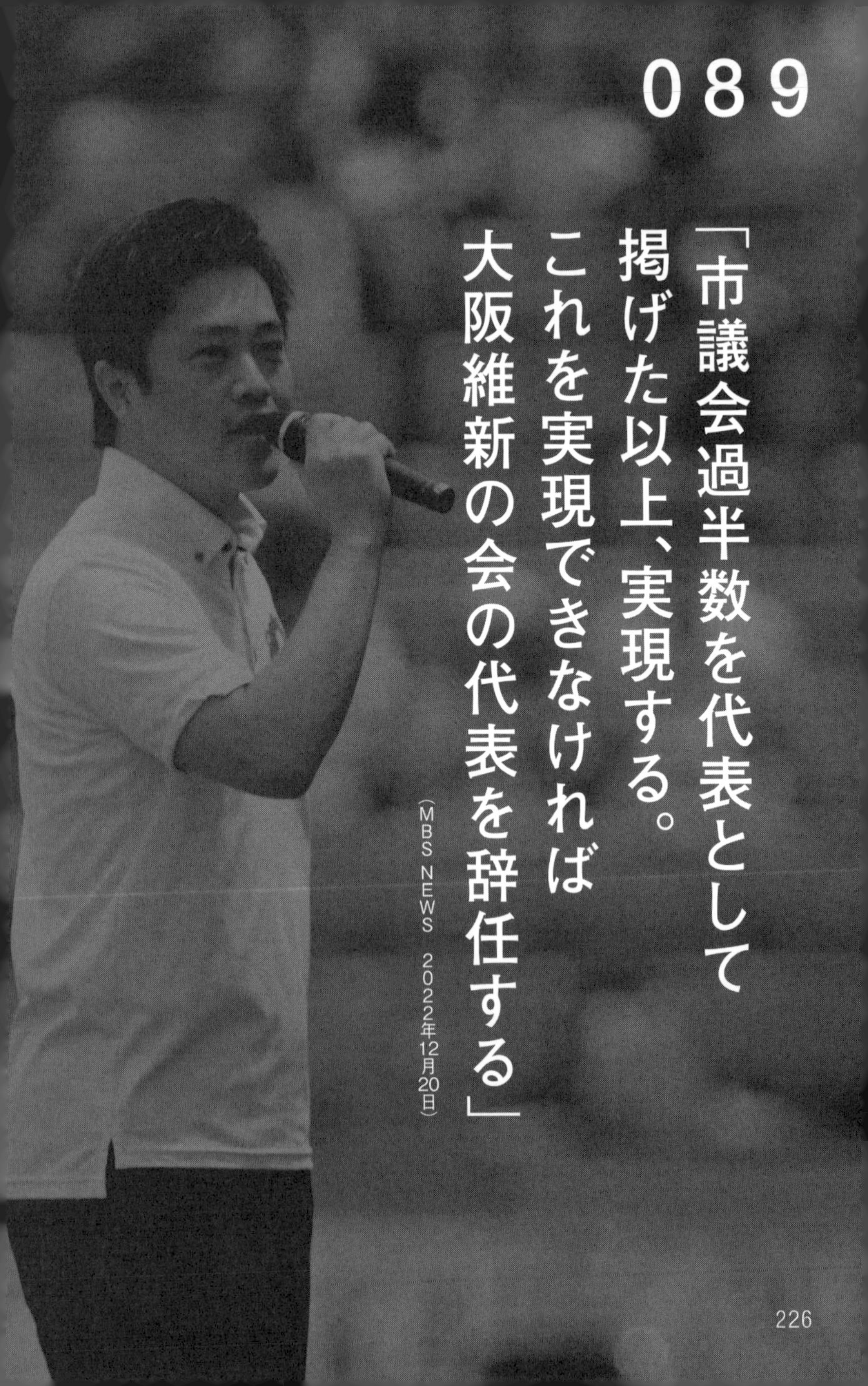

089

「市議会過半数を代表として
掲げた以上、実現する。
これを実現できなければ
大阪維新の会の代表を辞任する」

（MBS NEWS　2022年12月20日）

吉村氏は年の瀬の２０２２年12月20日、２０２３年4月に行われる、統一地方選挙・大阪府知事選に立候補することを正式に宣言した。

それと同時に、大阪市議会議員選挙で過半数を実現できなければ、大阪維新の会代表を辞任すると宣言した。退路を断って挑戦する覚悟を示したのだろう。

しかし、もしも達成できなければ、吉村氏だけでなく維新にとっても大打撃となる。下手をすると日本維新の会と大阪維新の会の解党危機を招きかねないと僕は見ている。それほど大切な局面だ。

吉村氏は同時に高校授業料の完全無償化と大阪・関西万博を最後までやり遂げ、そして府市一体の成長戦略を大阪市長とともに実行するとして、この三つを公約の柱と発表した。だから、大阪府知事、大阪市長の両ポストの維持は必須である。もしどちらか一方でも失えばどうなるのか。大阪は再び割れる。

そして国政での維新の進む道も揺れる。間違いなくそうなる。ここからが吉村氏と維新の正念場であることは間違いない。統一地方選挙は大阪に注目だ。

090

「僕がどうなるか分からないが、若いメンバーがたくさんいる。僕が倒れたときは踏みつけて、前にいけばいい」

（日刊スポーツ　2022年12月20日）

大阪維新の会の全体会議での発言。大阪市長選に出馬予定の大阪府市議・横山英幸氏と二人並び、同じようなシックな黒いスーツに身をつつんだ吉村氏が、険しい表情で取材に応じた。

維新の創業者の橋下徹氏、大阪市長の松井氏とあえて「決別する」と決別宣言を行ったのだ。

「二人とも政治的な責任を取った身の引き方でした。二人にすがる気持ち、思いはまったくないです。これから発展的に大阪が良くなっていけばいい」と、橋下氏、松井氏が去った後の、吉村氏を中心とした新しい体制での選挙と政党運営を口にした。

それはまるで自分を叱咤激励し、無理に強がっているようにも見えた。

ゆっくりと落ち着いた声。

「あえて僕らが橋下さん、松井さんを踏みつけて前にいけばいい」と維新の仲間や記者に語るというより、自分で意味を吟味し、言葉を噛みしめる。そんな素振りだ。

新型コロナウイルスの対応会見の時ですら、こんなに緊張した表情の吉村氏はいなかった気がする。隣の横山氏は、ネクタイを気にしながら何度も首元に手をやる。その表情には、隣の吉村氏に気を使っているという気持ちが痛いほど滲《にじ》んでいた。

091

「行動制限をするということは、もうありません」

（Yahoo!ニュースオリジナル THE PAGE 2022年12月21日）

2022年12月21日午後の大阪府庁での定例会見。「少しずつ、ただ、確実に増えているという状況が続いています」と吉村知事は大阪府内のコロナの感染状況について説明した。

新型コロナウイルス対策本部の会議開催については、もし病床使用率が50%に達したら行うべきだろうと説明したが、気になる行動制限については「もうしません。ありません」と説明した。重症病床の使用率は、この時点で8%と低く、たぶん埋まることはない。陽性率は29・6%。最大70%だった頃に比べれば落ち着いていた。解熱剤の備蓄、日頃の基本的感染対策、そしてワクチン接種の推進が呼びかけられた。

年末年始、この3年間帰省を自粛した人も多かった。両親に会うのを遠慮した人、結婚や出産があっても帰らなかった人、「帰省しないで」と止められた人……。近親者だけで葬儀が行われお別れすらできなかった人。人と人との当たり前の触れ合いが奪われ、絆が分断されたコロナ禍の3年間だった。

吉村氏は記者の帰省に対する質問に優しく「高齢者に会う時は気をつけてくださいね。でも、行動制限をするつもりはありませんし、しません。帰省は、僕は非常に大切なことの一つだと思います」。こういう時の吉村氏の優しい感性に、僕は心を動かされる。

橋下氏がよく言っていたが「記者も仕事で質問している。疑問点を掘ったり、食い違うことを聞いて暴くのも記者の仕事。民主主義の健全化は自由に質問し権力をチェックする記者の仕事だ」と。僕らともよく口角泡を飛ばす議論をしたが、最後はマスコミ、メディアを理解していた。限られた時間でどれだけ分かりやすく表現するか。そのためにどれほど駆けずり回っているか。テレビ制作の現場を知り尽くし、テレビマンや記者の気持ちを一番理解しているのも橋下氏だと感じていた。吉村氏のマスコミに接するスタンスも、そんな橋下氏と大きな違いはない。

「行動制限をするということは、もうありません」。吉村氏の言葉で、やっと苦しかった3年間のパンデミックが収束する――記者たちも安堵の気持ちに包まれた。

2023年はきっと良い年になる。吉村氏の笑顔はそう期待させるのに十分な説得力を持っていた。

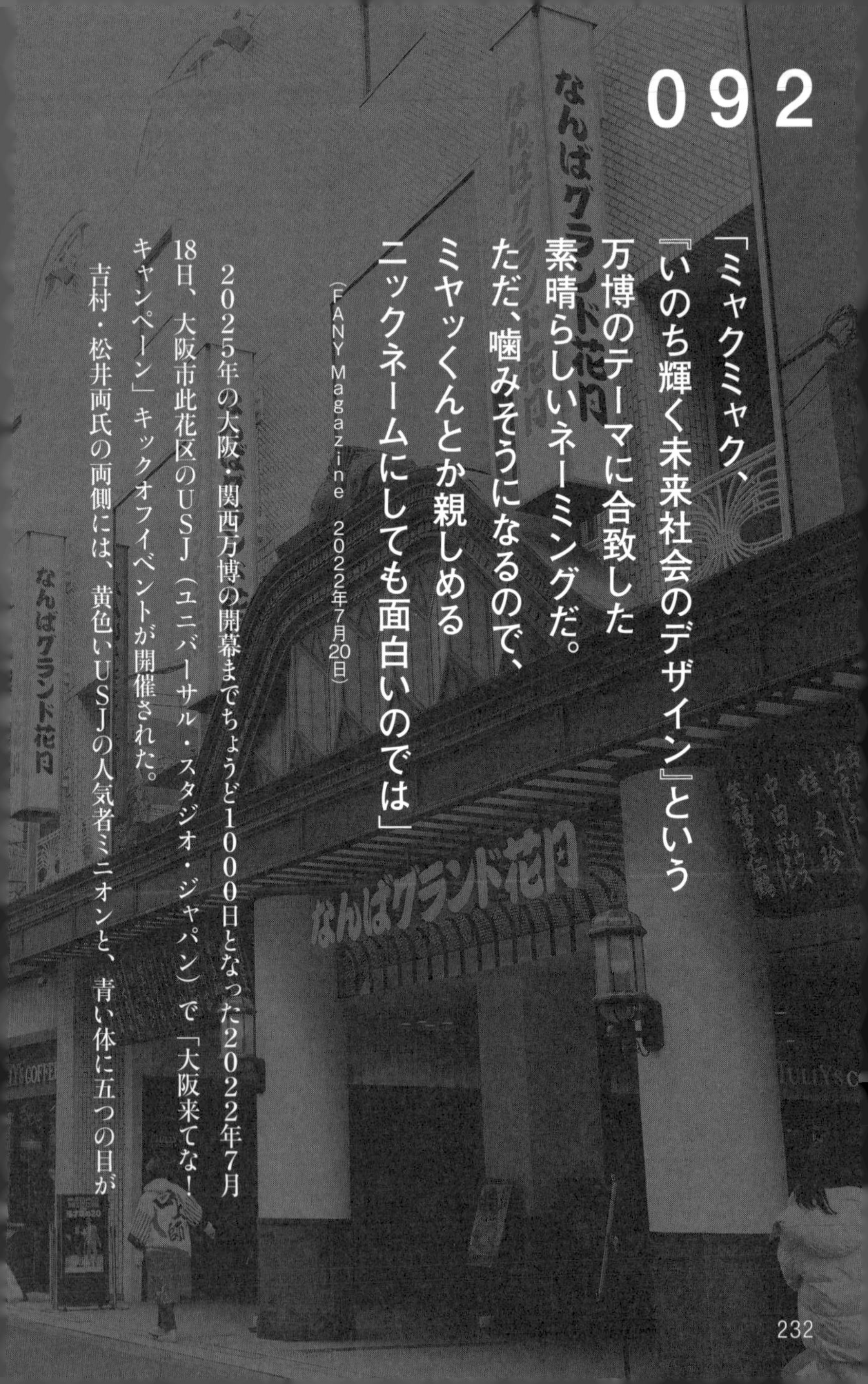

092

「ミャクミャク、『いのち輝く未来社会のデザイン』という万博のテーマに合致した素晴らしいネーミングだ。ただ、噛みそうになるので、ミャッくんとか親しめるニックネームにしても面白いのでは」

（FANY Magazine　2022年7月20日）

2025年の大阪・関西万博の開幕までちょうど1000日となった2022年7月18日、大阪市此花区のUSJ（ユニバーサル・スタジオ・ジャパン）で「大阪来てな！キャンペーン」キックオフイベントが開催された。

吉村・松井両氏の両側には、黄色いUSJの人気者ミニオンと、青い体に五つの目が

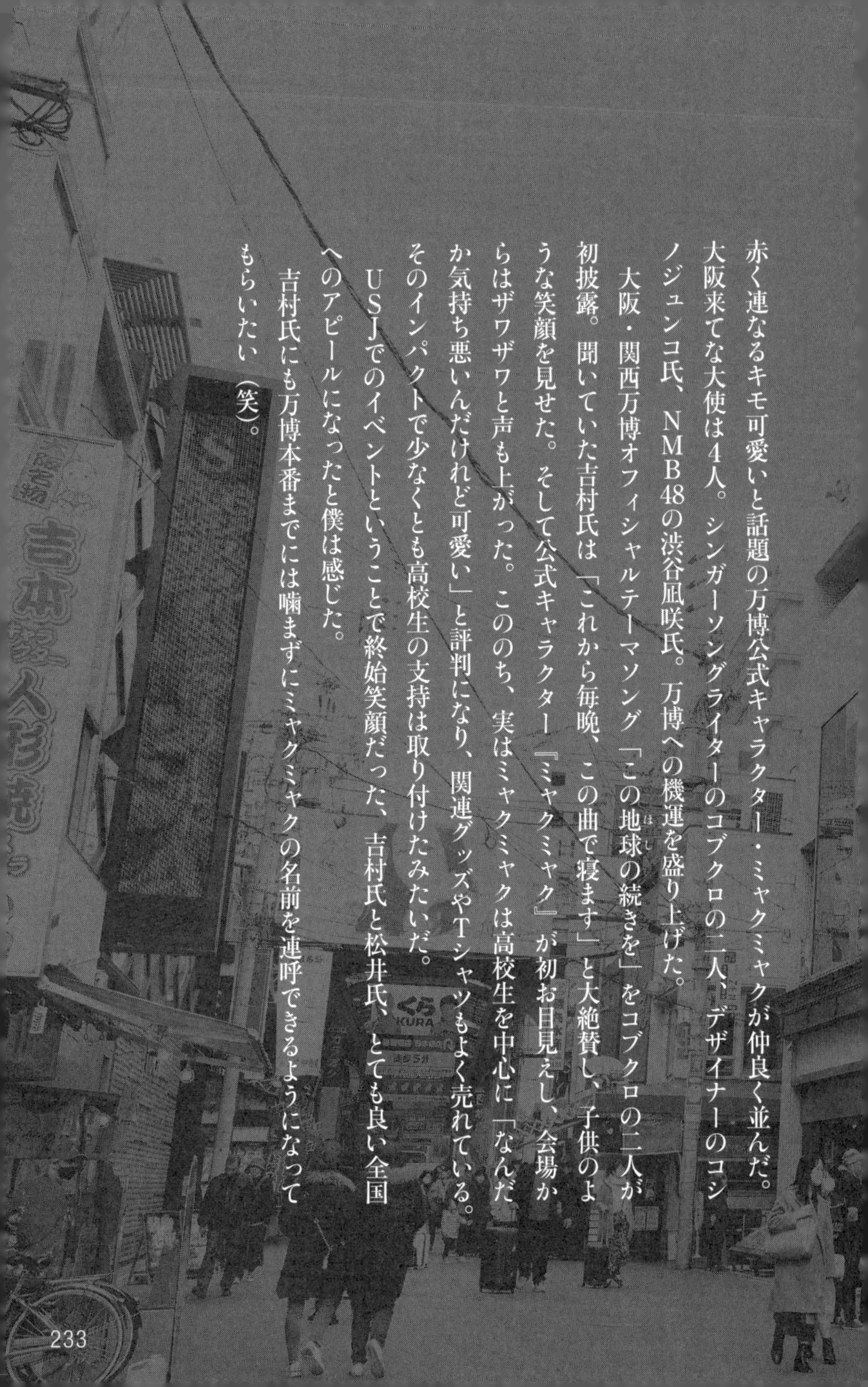

赤く連なるキモ可愛いと話題の万博公式キャラクター・ミャクミャクが仲良く並んだ。大阪来てな大使は4人。シンガーソングライターのコブクロの二人、デザイナーのコシノジュンコ氏、NMB48の渋谷凪咲氏。万博への機運を盛り上げた。大阪・関西万博オフィシャルテーマソング「この地球《ほし》の続きを」をコブクロの二人が初披露。聞いていた吉村氏は「これから毎晩、この曲で寝ます」と大絶賛し、子供のような笑顔を見せた。そして公式キャラクター『ミャクミャク』が初お目見えし、会場からはザワザワと声も上がった。こののち、実はミャクミャクは高校生を中心に「なんだか気持ち悪いんだけれど可愛い」と評判になり、関連グッズやTシャツもよく売れている。そのインパクトで少なくとも高校生の支持は取り付けたみたいだ。

USJでのイベントということで終始笑顔だった、吉村氏と松井氏、とても良い全国へのアピールになったと僕は感じた。

吉村氏にも万博本番までには噛まずにミャクミャクの名前を連呼できるようになってもらいたい（笑）。

093

「いける。頑張った。逆境の方が面白い。スペイン撃破へ、前向いていこう！ポジティブで！」

（吉村洋文　Twitter　2022年11月27日）

先のサッカーワールドカップ。コスタリカ戦で日本が0－1で敗れた試合を受けて、2022年11月27日にエールを送った。

吉村氏は自身のTwitterに試合開始前から「日本 VSコスタリカ、いよいよ始まるねー」とつぶやき、「日本代表、勝利目指して、応援しています！」と熱烈応援した。日本は懸命に攻めたが、残念ながらコスタリカが得た1点を返すことが叶わず、負けてしまった。強豪ドイツを撃破した歴史的な勝利から一転、悔しい惜敗だった。

吉村氏は試合後もTwitterに「いける。頑張った。逆境の方が面白い。スペイン撃破へ、前向いていこう！ポジティブで！」と書き込み、選手を応援した。こういうところ、吉村氏は普通人だ。同世代の人たちからしたらきっと親近感が増すことだろう。

これ、吉村氏は計算してやっているわけではない。あくまで自然体の、どちらかと言うと、これが僕の知る吉村氏の〝素〟だ。

そういえば橋下氏がTwitterのことを「風呂で鼻歌を歌いながら、つぶやく、ぼやく。僕にとってTwitterは息抜きみたいなもの」と話していたが、なんか吉村氏も同じ感じなのかもしれない。そんなつぶやきに皆さん、真剣に目くじらを立ててはいけないのかもしれない。

094

「万博の様々な事業を展開していく上で、影響がある」

（スポニチアネックス　2023年2月10日）

大阪府は、2023年2月10日、東京オリンピック・パラリンピックの会場運営業務を巡る一連の談合事件（元幹部らが独占禁止法違反の疑いで東京地検特捜部に逮捕）で、大阪府のルールに基づき、1年間の入札参加資格停止を決めた。

東京オリンピックの一連の不正入札事件では、広告代理店大手の電通だけでなく、ADK、博報堂、関西地盤の大広《だいこう》などの名前が挙がり、次々と家宅捜索や強制捜査が入った。我々マスコミもヒソヒソと「大阪万博は、大丈夫かな？　電通や博報堂も、万博にかなり加わっているし」と危惧していた。実際、関西電通のプロデューサーや社員、関係者も至る所で万博の仕事をしている。日本の大きなイベントで彼ら大手広告店が関与していない催《もよお》しは皆無と言っていい。それほどまでに大きな影響力と力を有している。

実力もある。大阪府の大阪・関西万博の運営組織「日本国際博覧会協会」（万博協会）は、万博の公式キャラクター『ミャクミャク』のライセンス運営など、すでに電通側に発注、委託した契約については解除しないと説明した。しかし、まだ決まっていない案件も多いし、これから1年でベースが決まっていく。そこに「四番打者」の電通がいないのはかなり痛いのではないかと思う。

不正は良くないし、事件の概要は暴かれるべきだ。とはいえ、吉村氏や関係者が頭を抱えていることは間違いない。

万博への推進力という話なら、小松左京氏が著した『やぶれかぶれ青春記　大阪万博奮闘記』（新潮文庫）を是非、吉村氏や関係者には読んで欲しいと思う。

小松左京氏といえば〝ＳＦ御三家〟と呼ばれ、星新一、筒井康隆とともに日本を代表するＳＦ作家として人気を博した。２０１１年に80歳で亡くなられたが『日本沈没』や『日本アパッチ族』は今でも人気。そして新型コロナのパンデミックを予見したとして映画化もされた『復活の日』にも再びスポットライトがあたったことも記憶に新しい。

小松左京氏は１９７０年の大阪万博でテーマ館のサブ・プロデューサーを務めている。これは、民俗学者の梅棹忠夫《うめさおただお》氏が関係している。梅棹氏は、１９６３年に論文『情報産業論』を発表し、当時は一般的でなかった「情報産業」という言葉を紹介し、ユニークな文明論として注目された。梅棹氏が同じ雑誌で連載していた小松氏を知り、ともに私的研究会『万国博を考える会』を発足させたという経緯がある。会には万博のキーマンが集まっていった。

小松氏は、その会合で万博という先進的で好奇心を刺激する世界的な大規模イベントの開催に魅了されていく。

「日本万国博開催のアイデアが、一番最初、通産省の輸出振興課から起こり、国会での説明が、貿易対策委員会で、一種の輸出振興策として提案された、という情報は、しごく当然のようながら、私たちには何となくひっかかるものがあった」(『やぶれかぶれ青春記　大阪万博奮闘記』)と書いているように、小松氏の中では、万博は単なる国際産業博にとどまらず、催しの中身が濃く豊かでなければならないと思っていたのだ。「万博は、やりようによっては、きわめて意義のある、やる価値のあるものになり得るだろう」とも書いている。まさにそこだ。

その後、小松氏は芸術家の岡本太郎氏や建築家の丹下健三氏など、当時の様々な頭脳とともに万博を進めていく。熱と思いがそこには詰まっていた。

頻繁に行われる議論、激論。成功させたいという思いがエンジンだった。

老若男女が必死で成功を祈った1970年の万博。同じことが今もきっと水面下で繰り広げられていることだろう。小松氏たちが掲げた、未来の夢と希望という旗は今もまったく色を失っていないことを僕たちはもう一度ここで思い出さなければならない。

吉村氏もテレビ出演で何度か一緒になった読売新聞特別編集委員の橋本五郎氏は、常にこう言う。「歴史に範あり」と。

095

「日本の万博なので、是非一緒に全国で盛り上げたい」

（産経新聞　2023年2月7日）

政府へ物言う姿勢や、新型コロナウイルスに対する独自の対策などで、全国知事会の認知度や注目が高まった。小池知事や吉村知事だけでなく、鳥取県の平井伸治知事会会長の発言などもピックアップされた。遅く分かりにくい政府や国会の対応よりも、素早く自分の言葉で住民に向き合う首長たちに期待が集まったのは当然と言えよう。

2023年2月7日、万博の機運を高めようと、全国知事会の推進本部の会合が開かれた。アジア太平洋研究所の試算では、大阪・関西万博開催の経済波及効果は、2兆5200億円としている。経済産業省も、国内外から2800万人超の人々が訪れると予測し、日本の魅力を世界に発信する絶好の機会と捉える。開催地の大阪・関西のみならず、日本各地を訪れる観光客を増大させ、地域経済を活性化できると説く。本当にそうなればば、言うことはないが、果たしてそんなに甘いことなのか。

　この会合でも「地域の祭りを展示する場を作って欲しい」「同じ時期に開催される瀬戸内国際芸術祭との相乗効果で貢献できれば」と意見が出た。また万博推進本部の本部長、平井伸治鳥取県知事は「万博の経済効果は抜群だ。全国でできるだけ協力していきたいし、地方にも来てもらいたい」と期待を述べた。

　確かに前の万博では、太陽の塔の下にあったお祭り広場で、世界各国の演《だ》し物や日本全国のお祭りを披露するショーが毎日催された。僕も実際に見て、その迫力に圧倒された記憶がある。僕の生まれ故郷である鳥取県境港市と同じ山陰文化圏の出雲や石見《いわみ》からは、代々伝わる伝統芸能の「石見神楽《かぐら》」が出展された。八岐大蛇《やまたのおろち》と素戔嗚尊《すさのおのみこと》の壮大な古代神話を伝える迫力の神楽がお祭り広場で披露され、日本のみならず、世界の脚光を浴びた。その時の称賛が、現代の伝承の原動力にもなっている。

　吉村氏のお願いから広がる地方の首長たちの連携も万博成功の鍵の一つだ。

096

「未来社会を示す」

（産経新聞　2023年1月26日）

既存の車でもなければ、飛行機でもない。次世代モビリティー〝空飛ぶクルマ〟。大阪・関西万博の目玉の一つだ。吉村氏はその実現に夢を膨らませる。

「空飛ぶクルマで、未来社会を示す」とテレビ出演や記者会見で何度も説明してきた。

2023年中には、実際に人を乗せて現地で実証実験を行う予定だ。

課題がないわけではない。安全面の確保。何人乗れるのか。定期運航できるのか。法律や規制をクリアできるのか。機体製作上での技術的課題のクリア……などなど。

しかし関係者によると「大阪は空飛ぶクルマの実証実験場としては、環境が整っている」という。東京に比べて飛行禁止区域が少なく、海や河川など、滞留できるスペースがある。高度な技術を要する〝ものづくり〟に適した工場や技術者も多く、現地でトラブルがあっても解決できる人材や物資の調達も容易というのだ。

万博の今の計画では、約15機の空飛ぶクルマが1日あたり、約160便運航される。ルートはまだ明らかではないが、万博会場と少し離れた場所を、定期的に結ぶことになるという。駐機スポットや、離着陸地としては、70か所を候補地として選定中だ。万博後は商用運航も視野に入る。

ついに1950年代の『鉄腕アトム』や60年代の『ドラえもん』などの漫画で描かれてきた未来世界が現実になるのだ。

097

「単なる社会科見学で、終わってはいけない」

（朝日新聞　2022年4月11日　大阪朝刊）

2011年4月10日。統一地方選挙として大阪府議選と大阪市議選、堺市議選が、同日に投開票され、橋下徹大阪府知事が率いる地域政党「大阪維新の会」が大躍進。いずれの議会でも第一党に躍り出た。吉村氏は大阪市議会北区選挙区（定数3・立候補7人）で初当選した。新聞の経歴には、弁護士・関西学院大学非常勤講師、35歳とある。僕もこの選挙戦を取材していたはずなのだが、橋下氏の応援演説や表情しかメモを残していない。探したが「吉村」という名前はない。この時僕は、まったく注目していなかったのだと思う。この年の3月に東日本大震災が発生。東北の取材に没頭しながら大阪に帰ると、選挙情勢や橋下氏の応援を取材した。

大阪市議選は定数86で大阪維新の会は、この時、全選挙区に過半数を超えるの44人の立候補者を立てた。吉村氏が立候補を決めた大阪北区選挙区は、JR大阪駅や梅田の繁華街を含む、「キタ」と呼ばれる商業地区。この選挙区は維新にとっても重要だった。橋下氏は、府知事になる前に出演していた、『たかじんのそこまで言って委員会』のつながりで、制作会社とたかじん氏の顧問弁護士だった吉村氏と出会い、吉村氏をこの重要選挙区に立候補させた。まったく無名の候補だったが、橋下氏肝いりの立候補なので、落選させるわけにはいかない。橋下氏は、何度も応援に入っている。しかし、当の立候補者を取材した記憶が僕にはないのだ。きっとその時の僕は、橋下氏が何を言うかだけに注目していたようだ。もしかしたら線の細い、吉村氏の演説が、まったく心に残らなかったのかもしれない。

吉村氏は、2023年1月にアップされた大阪維新の会の公式YouTubeの中で、松井一郎市長の後継として2023年春の統一地方選挙で大阪市長選に挑む、横山英幸府議にアドバイスを送っている。その中にとても興味深い話がある。

「横山さんは、僕と同じです。僕は無名だった。お前誰やねんと言われた。応援の橋下さんは知っていても、僕のことは誰も知らない。そんな選挙だった」と初選挙の時の苦しかったエピソードを語る吉村氏。

一生懸命、自分が市議になってやりたいこと、自分の政策を訴え、そして支持を固めたという吉村氏は、横山氏の知名度の低さは自分で補えるとエールを送る。「有権者に、誠実に、必死で訴えていけば、支持はきっと集められる」と横山氏の立候補に昔の自分の姿を重ねた。

つまりは、吉村氏の知名度も実行力も自身の行動の賜物《たまもの》なのだ。それは取材をしていてよく理解できる。橋下氏はテレビ出演で話術を磨き、そして人気もあった。松井一郎氏は経験豊かな政治家として、府議会の同僚や先輩らとの議論や根回しを重ね、政治折衝の経験を積んできた。吉村氏が「松井さんが、ややこしい議論の対立や調整をいつも、真ん中に立って、『まぁまぁ』とやってきたから、党がこれまで、まとまってきたんです」と話していたのを聞いたことがある。

松井氏は、橋下氏をプライベートで呼ぶ時「社長」と呼ぶ。維新の創業者として重要な役割を担ったからだろう。その松井氏は、大阪維新の会の「大番頭」として、これまでややこしい党運営や対議会折衝などの裏調整を担当し、すすんで泥を被ってきた。だからこそ、党内の求心力は絶大であり続けた。頭脳役としては、浅田均参院議員（元政調会長）が支えてきた。これに馬場伸幸衆院議員・日本維新の会の現在の代表が加わる。そうして大阪維新の会・日本維新の会は動き、大きくなってきたのだった。

そもそも、日本維新の会という政党は、大阪都構想という維新の会の悲願や地方行政を変えるために、国政への進出が不可欠だと感じ、拡大してきた経緯がある。

この動きを理解し、流れを把握しておかないと、吉村氏の行動や日本維新の会・大阪維新の会の本質を捉えることはできない。大阪の統治機構の改革こそが、全ての始まりなのだ。

大阪都構想の一度目の住民投票否決によって、維新ブームは一度、そのともし火が消えかかるところまで追い込まれた。

分党騒動や合流と分裂——そして松井代表、馬場幹事長、浅田政調会長らが土台作りをし、吉村氏も活躍していく。実は、これまでの地道な動きがあって今の維新の体制と吉村氏があるということを、大阪に住む人たちも忘れがちだ。

吉村氏も言う。「政治家は使い捨てでかまわない」という言葉。実は松井氏も馬場氏もよく口にする。たぶん、吉村氏にはそんな先輩や同僚の気持ちが染み込んでいるのだろう。政治家として僕が注目してきたのは、自民党や他の野党議員に少なくなった、この政治家としての覚悟と姿勢だ。

吉村氏は、あの無名で知名度がなかった、苦しい最初の選挙を忘れてはいない。横山英幸大阪市長候補への叱咤激励は、実は自分自身への戒めなのかもしれない。

098

「ウクライナ避難民を受入支援します。自治体にできることは限られていますが、できる限り支援します」

（吉村洋文　Twitter　2022年3月8日）

2022年3月8日の吉村氏のTwitterでのつぶやきである。

ロシアによるウクライナ侵攻で、ウクライナから避難した人々のために、大阪府として、住宅、教育、仕事などの生活支援を行う意向を知事として語った。また、これに先立つ2月28日の記者会見でも、「日本国内の自治体が非難決議を採択するなど、何かできないか」と言及した。

大阪府とも関係の深い、京都府京都市は、ウクライナの首都キーウと姉妹都市を結んでいる。京都市の門川大作《かどかわだいさく》市長は、ロシア軍の即時撤退を求め、キーウのビタリ・クリチコ市長とも２０２２年４月６日にオンラインで対談し、ウクライナの平和回復と支援を約束した。

そんな京都市の動きに呼応するように吉村氏は、京都市から呼びかけがあれば、非難決議などに大阪も賛同すると語った。

世界は、民主主義を掲げる日米欧と、プーチン大統領のロシアや習近平国家主席の中国のように強権《きょうけん》が集中する権威主義の国々との分断が進む。新型コロナへの対応などから、統治システムとしての自由民主主義に疑問を投げかける人も増えた。

しかし、イギリスの名宰相として名高いウィンストン・チャーチルは「民主主義は最悪の政治と言える。これまで試みられてきた、民主主義以外の全ての政治体制を除けばだが」とチャーチルらしい逆説的な言葉で説明する。

あちこちで極右ポピュリズムが台頭し、ヨーロッパ各国が絶対にないと思っていたロシアのウクライナ侵攻が始まり、今も終わりが見えない。

人権に配慮せず、独裁的な判断で権威主義の政治の方が危機を乗り越える力があると説く政治学者もいる。

確かに必要な政策の実行でさえ素早く動けないし、衆愚政治に陥りやすいと指摘も受ける民主主義だが、社会的な弱者にも配慮し全体幸福を追求する価値観を簡単に捨てたくない。僕は、そうやすやすと権威主義が世界の全部を握るとは思わない。

吉村氏もそうだろう。なぜなら記者会見で記者の質問は決して遮らないし、メディアの力と正義も信じてくれている。

反論はある。しかし、誠意を持って発信、説明を続ける吉村氏の姿勢に対して僕はメディア側の人間として尊敬をする。

心のある発言が目立つのも吉村氏の特徴だ。怒りは露わにしても、感情的に怒ることはない。吉村氏が意図しているわけではないと思うが、彼が話す大阪弁は、時として論理的すぎて知的すぎる吉村氏の言葉を和らげる効果があると僕は思う。

国民の政治への信頼を取り戻し、平和を希求してもらいたい。ウクライナへのロシアの暴挙に対する抗議とウクライナの避難民への配慮。

「今回のロシアの侵攻は武力で主権を侵害する許されない行為。(ウクライナのために)何かできることはないかという思いはある。大きなことではなくても、何かできることがあれば」

吉村氏の言葉には、決して我々が忘れてはならない平和への大切な希求がある。

099

「未知のウイルスだから、情報公開を徹底していこう」

（朝日新聞出版『大阪から日本は変わる　中央集権打破への突破口』吉村洋文・松井一郎・上山信一）

吉村氏と松井氏、そして橋下氏のブレーンも務めた大阪市の特別顧問・慶應義塾大学総合政策学部教授の上山信一氏による『大阪から日本は変わる　中央集権打破への突破口』（朝日新聞出版）は、大阪維新の会結成以来10年間の軌跡を振り返り、今後への展望を著している。

その冒頭には、大阪府と大阪市の緊迫したコロナ対応が描かれる。

吉村知事と松井市長は2020年1月に、中国武漢で感染者が増え続けていた新型コロナウイルスのニュースを見るたびに、強い恐怖を感じていたと言う。

日本では当時は対岸の火事という感じで静観の構えだったが、二人は「必ず大阪に来るぞ」と話していたそうだ。関西国際空港には武漢との国際便も飛んでいる。当初、安倍政権は、人の往来は止めないという方針だった。WHO（世界保健機関）も緊急事態という厳しい懸念は示していなかった。

本書より引用すると、その時、吉村氏と松井氏はこんな会話をしていたという。

《「感染症は大阪市内に留まらない。広域行政を担う大阪府が司令塔になるべきだ」、「大阪府と大阪市はバラバラに対応せず情報は大阪府に集め、府主導で対策に取り組もう。大阪市はオブザーバーとして出席する」》

と、大阪での大枠を決めて、来たる新型コロナの猛威に備えていたという。

2020年1月24日、大阪を含め、日本ではまだ一人も感染者が確認されていなかったが、国や他の都道府県に先駆けて「大阪府新型コロナウイルス対策本部」を立ち上げ、第1回の会議を開いている。

以降、先手先手で攻める大阪の新型コロナウイルスへの独自対策が打ち出されていった。〝リスク・コミュニケーション〟を二人の共通の合言葉に、吉村氏と松井氏は連携してコロナに立ち向かっていった。

1月29日、大阪で初めての感染が確認された。40代の女性だった。

吉村氏は即座に会見を開き、「正確な情報をお伝えすることが皆さんの冷静な判断・行動につながっていく。不安を生まないため、情報公開が必要」と語った。

この時僕は、勇気ある会見だと感じた。

プライバシーや人権保護の観点から、正確に情報を伝えていくのは、かなり難しいと思った。感染ルートや個人の行動、氏名公開による逆差別や偏見拡大といったことに注意する必要があるからだ。しかし、そうした負の側面より、正しい情報で混乱を避けたいという知事と市長二人の思いが強かった。会見の様子をテレビで見ながら、僕は吉村氏と松井氏の姿勢に共感していた。

しかし混乱の中で行った決断の中には、あとになって必ずしも適切と言えなかったものもあった。感染者がマスクをしていたか、していなかったかで情報公開範囲を決めるとする基準を発表。このいわゆる「マスク基準」は流石に賛否を呼んだ。

本の中でも「マスクをつけているかどうかで場合分けをするなんてバカげていると一蹴され、スタジオ内で笑われもした」と当時を振り返る。

ただ、この後マスクをしていたかどうかで濃厚接触となるかどうかを決める国の基準にもなったことを考えれば、そうおかしなことでもなかっただろう。

「情報公開の徹底」は吉村氏と松井氏の合言葉になり、府も市も会議の様子がリモートやテレビ、そして府市のホームページで全て公開されていた。

僕らメディアもそれを見て自分たちの集めた取材情報を修正したり、補完したりした。この情報公開の徹底が危機管理の上で、市民の安心を担保する、一番大切なことだと強く感じた。その後も、吉村氏と松井氏の先手の姿勢と情報公開の徹底は市民の支持を集めていく。

この大阪の動きは、地方の首長らにも波及し、全国的に広がっていったのだった。情報公開へのこだわりが国を動かしたのだ。

100

「当時の橋下さんが、破産会社だと言ったのもよく分かります」

（大阪維新の会　YouTube　2023年2月18日）

橋下氏が知事に就任した直後を思い出す。

２００８年2月頭、『ウェークアップ！・ぷらす』（読売テレビ・現在の番組名は『ウェークアップ！』）に38歳で大阪府知事に就任したばかりの橋下氏を特別ゲストに迎えた。辛坊治郎ニュースキャスターが橋下氏から抱負と府政の問題点を鋭く聞き出し、大阪行政のウミを知らしめると同時に、橋下氏の未熟な手腕への不安もあぶり出そうと番組企画を練った。

橋下氏は、明らかに緊張していた。控え室で番組進行の打ち合わせをする。まだ選挙の名残か声がかれている。

持ち込みのフリップが何枚もあった。

「大阪府の財政は破産状況です。こんなに酷い。その説明をさせてください」という橋下氏、「フリップ全てを放送時間内に消化できない。全部は無理です。橋下さんの主張だけを放送するわけにはいきません。僕の用意した質問にも答えてもらいます」と膝を付き合わせて言うプロデューサーの僕。

それでも橋下氏は「コンパクトに話しますから」と食い下がったが、こちらの意向については納得してくれた。

本番での橋下氏は、大阪府の危機的な赤字の現状と放置できない理由、そして解決策を畳み掛けるように説明した。キャスターの辛坊氏が状況を全て把握していたから、大阪府の苦しい財政が手に取るように理解できた。放漫行政の負の遺産として、大阪府と大阪市で11兆円超の借金を抱えていた。

橋下氏が説明した負債の中身は、ほとんど活用されていない様々な施設や、大阪府と大阪市で二重に存在する施設やサービスなどの無駄、そして、太田房江知事時代に、財源不足を補うためにした借金を返済するための減債基金が府の財政に大きくのしかかっているとのことだった。

この減債基金とは、大阪府のホームページの説明を引用すると「府債の償還財源を確保し、財政の健全な運営に資するための資金を積み立てることを目的に設置された基金（大阪府基金条例）」のこと、とある。要するに府債（府の借金）は決まった期日に一括で返済（償還）しなければならないので、そのために毎月積み立てる必要があるのだ。

減債基金は、2001年から2007年までで累計5202億円にのぼっていた。知事となった橋下氏は2008年から借入をストップして、負のスパイラルを止めた。

2023年2月15日に出された大阪府の2023年度一般会計当初予算案は、総額3兆6421億円。新型コロナの時短協力金などの支出が落ち着き、過去最大の予算だった2022年度予算よりも、1377億円減額となった。

また、長年の課題だった減債基金も新年度中に完済する見通しとなった。

歳入の府税収入は増え、過去最大だった1990年に次ぐ1兆4569億円で、2021年よりも、798億円増えている。景気の回復や企業の業績改善も良い影響を生み出した。

財政再建が確実に進んできた結果と見ていいと僕は思う。

吉村氏にとっては、橋下氏、松井氏と府知事のバトンをつなぎ、やっと10年かかって太田府政の負の遺産を解消したことになる。

吉村氏は大変嬉しそうに会見で報告を行った。

2023年2月18日に配信された大阪維新の会公式YouTube「松井・吉村・横山スペシャル鼎談　大阪の未来を語る！Part1」でも「次世代にツケを回すのは、やめようと穴埋めしてきた。ついに終わった」と成果を力強く説明している。

吉村氏も嬉しいだろうが、一番嬉しいのは大阪府民である。今後は、大阪市の成長への投資とか次世代への投資を進めるという。

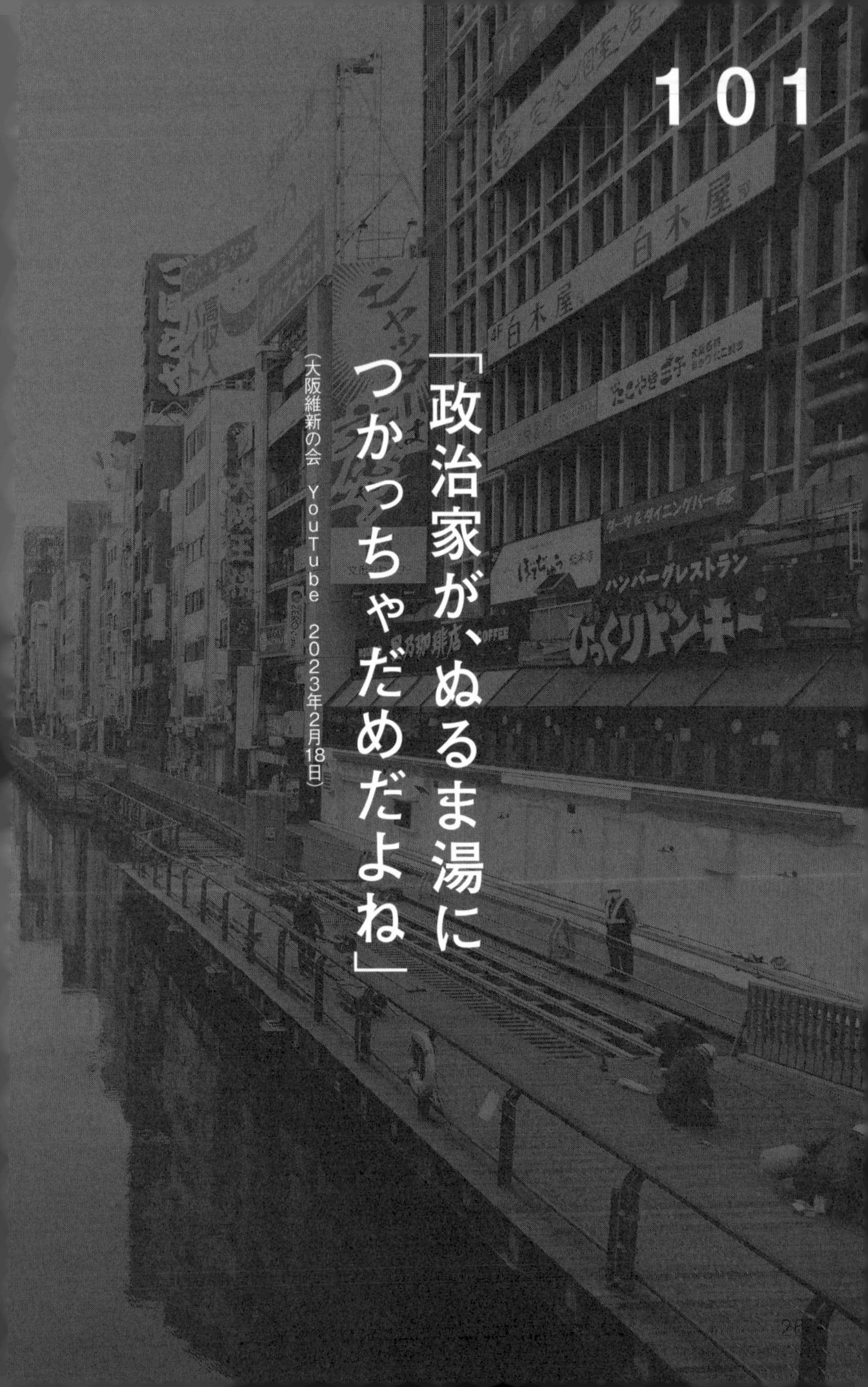

101

「政治家が、ぬるま湯につかっちゃだめだよね」

（大阪維新の会　YouTube　2023年2月18日）

前項の言葉と同じく、２０２３年２月18日に配信された大阪維新の会の公式ＹｏｕＴｕｂｅチャンネルでの吉村氏の言葉である。

改革を合言葉に、大阪府・大阪市の負の遺産の処理からスタートした大阪維新の会。

１９８８年のバブル期、大阪市は７０００億円という巨額の金を使って、大阪湾を埋め立て「夢洲《ゆめしま》」「咲洲《さきしま》」「舞洲《まいしま》」の人工島を作り出した。しかし、バブル崩壊で広大な空き地と借金が残った。その後、起死回生の五輪招致に失敗する。ただ、テクノポート大阪計画は、夢で終わっただけでなく、多くの影を生み出した。

大阪府と大阪市は、万博招致に成功し、２０２５年に大阪・関西万博が夢洲で開かれることになった。この万博を、是が非でも成功させたい吉村氏。なぜなら、今後の大阪と関西地区の浮沈がこの万博の成功にかかっているからだ。

万博の会場跡地は、エンターテインメント性の高い、国際観光拠点として整備する計画になっている。しかし、未来像のもう一つの柱であるＩＲ（統合型リゾート）建設計画への道は、まだまだ簡単ではない。

もしＩＲを作ることができたなら、ＩＲを中心とした国際観光拠点の運営から生まれ

吉村氏だけでこの難事業をやり抜けるのか。そして、大阪維新の会と日本維新の会の今後はどうなるのか。吉村氏の課題は山積みだ。

当面の山場は、2023年春の統一地方選挙。大阪市長に維新の立候補者で、吉村氏と同期当選でもある横山英幸氏が、松井氏の後継として見事当選できるかどうか。

大阪府と大阪市が同じ維新ではなくなる「ねじれ」が起きた時、府市が別々になり再び〝ふしあわせ〟が生まれる。

維新ではない候補者が府と市のトップにならないとは言い切れない。有権者の判断と選挙の結果が全てだ。コロナ対策で全国を牽引した吉村氏の手腕と徹底した情報公開の姿勢。会議や意思決定過程の全てをあからさまにし、市民に知ってもらう手法。そしてマスコミの質問に対して、時間制限をせず、質問がなくなるまで、全てに答え続ける吉村氏のオープンなスタイルを僕は支持したい。

あとは、吉村氏がいかに強《したた》かになり、維新を強く鍛え上げるか。それは吉村氏の力だけでは決して実現しない。維新の仲間や市民をどれだけ巻き込んでいけるかも重要だ。

新しいリーダー像を作り出した吉村氏。今後、どんな力強い言葉で、我々の心を揺り動かし、鷲掴みにしていくのか。目が離せないのは確かだ。

BOSCH

おわりに

本書では吉村洋文氏の言葉101を解説し、その言葉の背景を綴ってきた。橋下徹氏の後を受けて40歳で大阪市長になった吉村氏はその後、松井一郎大阪府知事と席を入れ替える形で、大阪府知事に就任。新型コロナウイルス対策では大阪府の司令塔として陣頭指揮をした。そこで緊急事態においてリーダーの覚悟と人間力、能力と優しさがあぶりだしになる。

私の尊敬する勝海舟（日米修好通商条約を結ぶための使節として、咸臨丸《かんりんまる》艦長を務め、日本人初の太平洋横断に成功。アメリカの近代社会を見聞し、幕府の海軍創設に尽力。幕臣にとどまらず、坂本龍馬や五代友厚、木戸孝允、西郷隆盛など多くの幕末・明治維新の原動力となった人々と交流。大阪では幕府と薩摩藩の紛争調停や長州藩との停戦交渉も担当。徳川最後の将軍、徳川慶喜との対立を乗り越え、鳥羽・伏見の戦いで敗れた幕府軍を粘り強く説得し、新政府の西郷隆盛と江戸総攻撃の前夜、和平交渉を実らせ、「無血開城」と言われる歴史的な江戸城明け渡しを行い、江戸の町を戦火から救った人物。その後も、明治政府と距離を置き、幕府浪人の救済や慶喜の庇護を行った人物）が、当時のジャーナリスト・巖本善治《いわもとよしはる》と対談し筆記録を残している。

「主義だの、道だのといって、ただこればかりだと、決めることは、私は極嫌いです。道といっても大道もあり、小道もあり、上に上がります。その一つを取って、他を排斥するということは、普段から決してしません。（筆者略・現代訳・加筆）あとでよくよく考えて、色々に比較して見ると、上に上がる（のが正解だった）と思って、まことに愉快です。研究というものは、死んで初めて止むもので、それまでは、苦学です。一日でもやめるということはありません」（『海舟語録』江藤淳・松浦玲編　講談社学術文庫）と勝らしい物言いで記されている。この話の後段には、西郷隆盛が本音を話しても、聞くこともせず、本人も話さなかったから寂しかったことだろうとして、人間はそれぞれ長所があるのだから、相手の声に耳を傾け、議論を怖がらず、研究を尽くして、自分の信じるところを十分に行えば良い。途中で相手を抹殺し、殺し合いや自暴自棄になるのは良くない。「自分はずる賢いから生き残ったのだけれどね」とユーモアを挟み説く。軽妙洒脱《けいみょうしゃだつ》、流石、勝海舟ならではだ。

吉村氏の言葉や、行動を歴史的な人物である勝海舟と比較するのは、間違っているかもしれない。しかし、身近で取材をし、新型コロナウイルス対応という未曾有の困難に対応し、改革を推し進めてきた姿には、今の永田町の政治家や官僚と行政マンが忘れている考えや行動があると思えてならない。老獪《ろうかい》な政治家からすれば「若さ」「未熟」「甘さ」という言葉で片付けられることなのかもしれない。しかし、その確固たる信念は未来を書き換えられるのではと僕は思う。読者の中には「甘い幻想」と感じる方もいるだろう。批判や誹《そし》りは仕方がない。しかし、勝海舟の示唆のとおり、研究や分析を怠らず、そこから的確な〝解〟を導き出すしかない。

この本を読み終えた皆さん、そして、なぜかこの「おわりに」から読み始めた方へ。この本では、吉村氏の言葉を借りながら、実は僕が、これまでの取材を通じて見つめてきた大阪の変化と未来への希望を書いた。

そして日本の議会制民主主義や政治への警鐘もアウトラインに忍ばせた。いまや言葉だけになってしまった「地方創生」への無力感や日本全体にはびこる閉塞感に対しても僕自身の「諦め」という言葉に蓋をして提言をしたつもりだ。吉村ファンから見れば、本書の辛口解説に憤慨する方もいるかもしれない。また逆に、礼賛《らいさん》やエールが過ぎる、吉村氏の手法と維新の問題点をもっと追及すべきという見方もあることだろう。この点については、僕の考えは勝海舟と同じスタンス。維新と吉村氏の取材と研究をこれからも僕は続けていきたいと考える。真の答えは皆さんと一緒に探したい。

二度目の都構想の住民投票の前に出版された『大阪都構想2・0　副首都から国を変える』（祥伝社・松浪《まつなみ》ケンタ著）の中で、吉村氏は、府議会議員である松浪氏と対談し、著書の中で都構想を巡るマスコミの報道に触れ、マスコミが否定的な論陣を張るのは避

おわりに

けられないとし、反対派の強調する「大阪市がなくなる」という表現は分かりやすく、マスコミがそちらを向くのも仕方ないと冷静に分析した。その上で「でもそれは、僕らが乗り越えなきゃいけない試練だろうと思っています。マスコミは、10年、20年先の大阪よりも、今、この瞬間に勝つか負けるか、ということに注目する。だから、僕らがいくら正論を言っても簡単には受け入れてもらえないでしょう。大阪市と大阪府を一つにするなんて大改革だし、そこに至るには乗り越えなければいけないハードルがたくさんあって、マスコミもその一つだろうなと思いますね」と述べている。吉村氏はやはりマスコミをよく理解している。

マスコミは少しでも「おかしい?」「変では?」と疑問を持てば、とことん疑問解消に奔走する。その疑問が記者の個人的な屁理屈だったり、多少視点がねじれていたりしたとしても、だ。その代わり真摯に答え、疑問を解消してくれる取材対象には理解を示し、応援者にも転じる。権力へのチェック機関、聞けないことを聞くのがマスコミの仕事。橋下徹氏や吉村・松井両氏はこのマスコミの特性と仕事を理解している。それは記者会見の長さや回数の多さと、テレビ出演の豊富さにも影響されていると僕は思う。

僕は、東京と大阪を、毎週行き来する生活を40年近く送ってきた。1980年代の大学生の頃には東京と大阪はとても遠く感じていた。しかし、今は違う。テレビ番組で漫才ブームが起こり、島田紳助さんやダウンタウン、明石家さんまさんや笑福亭鶴瓶さんが関西弁を全国的に認知させた。今では東京の若者も日常の会話で「ホンマ〜」とか「それ、ええやん!」「めっちゃ凄い」と口にする。彼らにとっては関西弁・大阪弁ではなく、ただの〝普通〟の言葉なのだ。逆に大阪でも同じく「それでさー」とか「良いと思うよ」と東京の言葉が浸透している。新幹線だけで東京と大阪間・年間1億6000万人強が移動をする。これに飛行機と車が加わる。日本全国民をはるかに上回る人の往来だ。こんな地域が他にあるだろうか? 東京にとっても大阪はなくてはならない存在。いや、日本にとっても大切な都市・地域であることは間違いない。なのに、大阪の地位はまだまだ低いと思ってしまう。なぜなのだろうか。それは「大阪人の気質にも由来するのかもしれない」と最近思う。

大阪人は元来あけっぴろげ。お節介で世話好き。賑やかで明るくて優しい。全員がそうだとは決して言わないが、お上を斜め目線で批判し、皮肉が得意。しかし、人情味があり、熱しやすく冷めやすい。少々のことはとやかく言わない。

しかし、相変わらず東京への対抗心はむき出しではある。でも、これも時代とともに大分変化してきた。みんな、東京ディズニーランドが大好きだし、渋谷や表参道のファッションや若者のライフスタイルにめちゃくちゃ憧れている。奥様方にとっては、銀座のショッピングは自慢のタネ。お父さんも東京出張の時には有楽町や新橋、新宿で飲む。大阪は皆さんの想像以上に随分変化しているのだ。

おわりに

2008年(平成20年)2月6日、初登庁した橋下知事は4500人の府職員の前で開口一番「皆さんは破産会社の従業員」と挨拶した。直後に改革プロジェクトチームが発足。橋下氏は自身の給与3割カットと退職金を5割カット(最終的にゼロに)し、同時に職員給与を3~14%カットした。結果、3年間で3054億円の収支改善に成功した。また吉村氏は、市長時代に赤字でトイレも汚く不人気だった市営地下鉄を民営化した。日本初の地下鉄は、再び市民に愛される公共交通機関として息を吹き返した。知恵を出し改革を断行すれば蘇らせられる。そんな事例の一つ。

最後に本書を書き下ろす切っ掛けを作ってくれた、学生時代からの友人である文化放送プロデューサー清水克彦氏と、優柔不断な僕に対し常に叱咤激励を絶やさなかった担当編集の岩尾雅彦氏にこの場を借りて感謝を述べたい。

2025年、大阪・関西万博が開催される。日本にとっても、そして大阪のみならず関西や瀬戸内海、西日本全体にとっても大きな影響と期待が寄せられる。そしてその後には、IR(統合型リゾート)の開発是非も控える。今春の統一地方選挙の行方は、本書の出版後のことだ。いずれにしても吉村洋文氏の、次の言葉も気になるところだ。101の言葉のその先も。皆さんと見ていきたいと思う。

2023年3月吉日　　テレビプロデューサー　結城　豊弘

結城豊弘

Toyohiro Yuki

撮影　中村 治

鳥取県境港市出身。駒澤大学法学部卒業。

1986年、読売テレビにアナウンサーで入社。『週刊トラトラタイガース』『11ＰＭ』『2時のワイドショー』などの司会・リポーターを務める。

1995年、阪神・淡路大震災を契機に日本テレビ『ザ・ワイド』に出向。ディレクター、プロデューサーとして事件取材を担当。オウム真理教の取材を皮切りに松山ホステス殺害事件、神戸連続児童殺傷事件、和歌山毒物カレー事件などの重大事件を取材。大学時代の政治取材をベースにワイドショー政治の源流を作る。

その後、営業部次長を経て読売テレビ報道部に異動。『ウェークアップ！ぷらす』チーフ・プロデューサーとして辛坊治郎キャスターと東日本大震災を取材し、『情報ライブ ミヤネ屋』統括ＣＰを担当。2015年から『そこまで言って委員会ＮＰ』のチーフ・プロデューサーを2022年春まで務めた。

2017年に鳥取県アドバイザリースタッフに就任、18年から鳥取大学医学部附属病院特別顧問、2020年から境港観光協会会長を務める。

読売テレビ退社後の現在も、フリーテレビプロデューサーとして東京と大阪をベースに番組制作を続け、病院・企業のブランディングコンサルタント、コメンテーター、講演、執筆、イベントプロデュースなどフィールドを広げ活動中。

『石川和男の危機のカナリア』（ＢＳテレビ東京毎週土曜朝7時放送）総合演出。著書に『オオサカ、大逆転！』『“安倍後”を襲う日本という病』（共にビジネス社刊）がある。

吉村洋文の言葉101
日本を牽引する
若きリーダーの覚悟と勇気

著者 結城豊弘

2023年4月10日　初版発行

写真提供　アフロ（つのだよしお、坂本照、Pasya、AP、
Keizo Mori、SportsPressJP、AFLO）
風景写真　米田英男（米田フォト）

装丁　森田 直／佐藤桜弥子（FROG KING STUDIO）
編集協力　菅野 徹／若林優子
協力　合同会社 ANOSA 森令子（チーフマネージャー）
編集　小島一平、吉岡 萌（ワニブックス）

本書に掲載された吉村洋文氏の101の言葉ですが、
簡潔に編集した言葉もあります。
ただし、吉村洋文氏の意図を捻じ曲げるものでは一切ありません。

発行者　横内正昭
編集人　岩尾雅彦
発行所　株式会社ワニブックス
〒150-8482　東京都渋谷区恵比寿4-4-9えびす大黒ビル
ワニブックス HP　http://www.wani.co.jp/
（お問い合わせはメールで受け付けております。
HPより「お問い合わせ」へお進みください）
※内容によりましてはお答えできない場合がございます。

印刷所　株式会社 光邦
DTP　株式会社 三協美術
製本所　ナショナル製本

定価はカバーに表示してあります。
落丁本・乱丁本は小社管理部宛にお送りください。
送料は小社負担にてお取替えいたします。
ただし、古書店等で購入したものに関してはお取替えできません。

ISBN 978-4-8470-7292-5